小古文大发现

古人雅好之奇

罗才军　编著

ZHEJIANG UNIVERSITY PRESS
浙江大学出版社
·杭州·

总　序

于雅言传承中领略百态人生

毋庸讳言，流传至今的文言典籍中，蕴藏着中华民族极高的智慧和深切的情怀，后世浩如烟海的著述不过是它们的演化与注解，否则金克木先生不会有“书读完了”的慨叹。所以孩子们阅读文言经典，能为他们播下安顿生命的种子，使他们有机会成为从容、雍雅、慧杰、自适、不走极端的人。然而，一个不容忽视的现实是，当下，在孩子们的语文生活中，文言却是最容易端起架子、故作深沉、故作神秘的。

说它端起架子，是因为文言本来是古代人们生活和思想的有趣的记录，但在孩子们的学习和阅读中常常被异化为枯燥干瘪的知识记诵。浑然一体、情趣盎然的人情故事被讲得支离破碎、混沌一片，其用字的典雅、语言的节奏、意象的精美、情感的辗转在这样的过程中消磨殆尽。长此以往，孩子们自然生出对文言的隔膜，甚至厌恶。

说它故作深沉，是因为我们眼睛里的文言，或是那些想象瑰丽、经天纬地的鸿篇巨制，或是探索人世真相、生命究竟的经史子集。这些文言，凝结着千百年来中华民族精深的智慧和磅礴的文化，而叙述者又大多以立言传世、治国平天下的初衷与气概，洋洋洒洒。这是当下的孩子们甚至大人们无法经验和想象的。所以面对这样的文言世界，孩子们自然容易望洋兴叹、莫可奈何了。

说它故作神秘，是因为它总有那么多艰涩生僻的字、词，总有那么多我们无法感知的思想观念，以至于很多人，尤其是孩子在阅读文言时经常处于碎片、孤立和封闭的情境中，融不到当下学习运用语言文字的现实生活里去。对很多人来说，文言似乎已经与日常的语言生活决裂了，它更像一种已经失传的古老语言，而非延续在我们血脉里的精神密码。

其实，文言本就是我们的语言，它并不古老，也没有那么面目可憎。它就活在当下，在很多作家的作品里，生活中很多耳熟能详、脱口而出的成语诗词，都会呈现文言的样式。我们对文言的敬而远之，大多是因为我们没有发现文言在经史子集、鸿篇巨制之外，还潜藏着真正反映和展现古人生活的宏大世界：那些鸡毛蒜皮的日常，那些闲情雅致、情趣爱好，以及那些需要疏解的愁思、需要安顿的焦躁和需要分享的喜乐。另外，就是我们在走进、体验和运用它们的时候，显得过于急功近利，方法也不免泥古且庸俗。

究竟该如何化解雅韵流传的文言在当下社会生活尤其是孩子们那里所遭遇的尴尬，真正让孩子们理解和体悟文言的宏大世界中所展现的真实和趣味呢？

我想，不妨尝试着跳脱出来，将那些探讨生命究竟、天人之道的文言经典暂时搁置，等到孩子们有足够的领悟能力和学习兴趣的时候再来阅读它们。且让孩子们从当下的、更为注重生命体验、更为关注个人价值的时代特征出发，选择那些贴近日常生活、人世繁华，反映古人生活情趣、即兴智慧、生命境遇的故事来阅读，感受一个个活泼生动、元气淋漓的人物，了解古代中国人为人处世、衣食住行、会友闲谈里的优雅与从容，领略他们卓绝的智慧、精绝的才艺、方正的品格，也体验他们俏皮的雅好、丰富的娱乐、旷远的情感，甚至于去发现，古人与我们一样，有不少“坏习惯”“怪心思”“臭毛病”。让孩子们在学习和阅读的时候，能够经验和感知、联想和理解古人，就仿佛和他们身处同一个时空，见证他们的生活百态、言笑晏晏。

最近几年来，我始终对这样的愿景念念不忘，尝试着在浩瀚的文言丛林中，分拨拣择那些有趣、带劲、充满人情味的篇章，并将它们以轻松愉悦的姿态带到孩子们身边。慢慢地我发现，文言中的笔记闲谈最能舒展才情，也最有烟火气息，语言情致自然也最为率性天真，有华枝春满、天心月圆的浑璞不雕。将这样的文言经典以自由宽广的课程视野、清新舒展的学习方式让孩子们阅读和体验，自然能使他们孜孜不倦、乐此不疲。这样的尝试得到了许多孩子的喜欢和认可，也使许多老师、家长瞩目。于是我就想将之系统地编纂成书，将这些探索和实践固化下来，也将自己对于孩子们文言学习的科学路径和适切方法沉淀下来，让更多的小朋友、大朋友可以了解雅言传承中的大千世界、嬉笑怒骂里的百态人生。

很有幸，去年遇到浙江大学出版社的老师们，他们对于我的这个想法非常感兴趣，且充满了期待。在他们的鼓励和支持下，我带着我的研究生，开始尝试着序列化、结构化地开发适合孩子们阅读和学习、体验和运用的文言内容。我们基于当代小学生的读写能力，呼应课程标准实践性、综合性、情境化、整合化的学习方式，从更为注重自我生命体验、更为关注审美生活的时代特征出发，筛选了《世说新语》《古今谭概》《东坡志林》《唐才子传》《浮生六记》《夜航船》等从先秦两汉到明清的30多部经典传奇笔记小说中贴近日常生活与人世繁华，内容合宜且语言清浅的精短篇章，再前拈后连，基于语文学习的规律和孩子们的学习兴趣设计助读系统，搭建学习支架，将相应的人物与典故、诗词与故事、阅读与表达、学法与思维、情趣与意象，像拼图一样一块一块地拼接编纂起来。比如“梳理故事结构”板块通过思维导图的形式揭示内容要点，“说说文章内容”板块通过娓娓道来的讲述展现精彩所在，“品读更多诗文” 板块是联系相关诗词进行扩展阅读，“创意表达运用”板块重在让文言实现迁移运用，活在孩子们的语言生活里。这些助读系统，试图突破亦步亦趋、支离破碎、枯燥乏味的文言知识学习模式，让孩子们在充满好奇、轻松愉悦的阅读体验中，循序渐进地感受文言的表达特点，形成文言语感的基本心理图式，习得文言、诗词、故事等相互融通的结构化的阅读能力，历经“生吞活剥、连滚带爬、脱胎换骨、信手拈来”的文言读写实践。希望这套书能真正成为孩子们文言积累、阅读、表达与审美的辽阔疆场；也期待孩子们能从那些故事中管窥古人生活的世态百相，感受元气淋漓的人物形象，领略或酣畅洒脱或倨傲奇崛的士人性情，领略中华文化的磅礴瑰丽，涵养文人风骨，培育中华气度，栽下一颗安顿生命的种子。

就这样，我们从孩子们的视角和体验出发，以语文教科书编者般的苛刻，想象着日常阅读和课堂场景，以任务群、主题式学习要素和助读系统进行组元。以一篇触发一类、联动一群的方式陆陆续续编写了“小古文大发现”丛书，并以“古人娱乐之趣”“古人雅好之奇”“古人品格之旷”“古人智慧之丰”“古人情感之真”“古人才艺之绝”“古人生活之美”为题。如今，它们终于出版了，我着实感到欣慰。它们承载了我这些年文言阅读与教学的探索，每一篇选文都经过了千淘万漉，每一项解读和注释都凝结着我和团队的精心打磨，每一个助读系统都融聚着我和我的研究生齐婷婷的想象与智慧，每一册、每一个单元的结构与要素都经受了浙江大学出版社老师们挑剔的眼光，每一本的版式与装帧又经历了千回百转的设计与修正。

更重要的也是最为庆幸的是，我终于没有板起了面孔，好为人师地滔滔不绝，我找到了一种打开语文、打开文言世界的方式，让千百年前真实的生活故事、生命境遇与当下的生活与情境实现了对话，让文言新鲜地活在孩子们的嘴里和笔下，尤其是让中华传统的情趣和审美，润泽到孩子们的心里。

我不敢妄想这些小书能让孩子们从此对语文、对文言、对中华传统文化狂热喜爱、痴迷眷恋，但如果有那么一点启发，能播撒下那么几颗种子，再幸运一些，让孩子们感悟了文言所刻画的人物、叙述的故事、展露的情感、描述的场景都与我们当下的生命生活似曾相识，甚至是久别重逢，使其体验到编织在语言文字里的、与自己的生命和生活若即若离的美好与哀愁，那真可谓善莫大焉！

是为序。

2022 年仲秋罗才军

于一本居

序

刘义庆之《世说新语》余阅读日久，忽有奇见：魏晋士人，最好之宠物，非驴莫属。因所读各章，但有喜好之动物，十之八九皆为驴，深觉莫名。后又读他书，亦谈到魏晋士人爱驴，大略为：马系达者象征，“春风得意马蹄疾，一日看尽长安花”是也；牛为隐逸者象征，“牛羊自归村巷，童稚不识衣冠”是也；而驴则恰好居马、牛之间，乃未遇者象征也。因未遇，既期待上天眷顾，假以时日平步青云；又自命清高牢骚满腹，感叹怀才不遇；间或还要生出些众人皆浊我独清，众人皆醉我独醒之错觉。于是脾性不免患得患失，憨耿倔犟，眼高于顶。至此余豁然开朗，人之爱物、雅好，皆因满足命运投射、移情幻景之需求。

今以“小古文大发现”其中一册，淋漓呈现古人雅好之奇，集成令人莞尔，甚或忍俊不禁、大开眼界之爱物、洁癖、渴饮、善啖、嗜睡、雅好六篇，让古人之闲情逸致、可掬憨态铺展眼前，或可同当下耳闻目睹周围人之雅好，两相比较，或亦有所感；也可仿古人词句，笔录下来；抑或在友朋欢聚时增加谈资。

若问雅好之人何以如此，曰：此中有意，欲辨已忘言。

目录

MULU

第一篇 爱物

王仲宣好（hào）驴鸣

王仲宣好驴鸣。既葬，文帝临其丧，顾语同游曰：“王好驴鸣，可各作一声以送之。”赴客皆一作驴鸣。

——《世说新语》

梳理故事结构

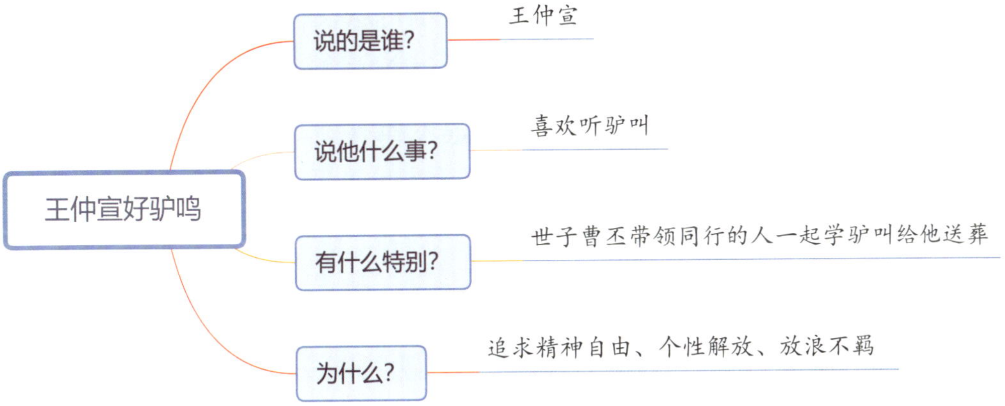

说说文章内容

汉语中关于驴的成语有很多，如黔驴技穷、驴唇不对马嘴、驴前马后等。这些成语多带有贬义，但也有例外，比如驴鸣送葬。要解释驴鸣送葬是什么意思，还得从王仲宣说起。

王仲宣就是王粲，他是东汉末年的大才子。王粲凭借一身才学，加上为人诙谐幽默、出语不凡，深得后来的魏文帝，也就是曹操的儿子曹丕的喜爱。这位王粲有个癖好就是喜欢听驴叫。217 年，王粲逝世，当时好多官员和文人雅士都去给他送葬，连后来的魏文帝，当时的魏国世子曹丕也来参加他的葬礼。大家在坟前为王粲举行追悼会，这个追悼会开得很特别，“既葬，文帝临其丧，顾语同游曰：‘王好驴鸣，可各作一声以送之。’”就是说曹丕来给王粲送葬，临下葬时他回头对同行的人说：“王粲喜欢听驴叫，我们每个人学一声驴叫来为他送行吧。”于是他亲自带领同行的人一起学驴叫，给王粲送行。葬礼上驴鸣阵阵，此起彼伏，好不热闹。不过，有学驴叫资格的也只是葬礼上的少数名士，文中交代得很清楚，必须是与曹丕“同游”级别的，自然都不是等闲之辈。

曹丕之所以在王粲的葬礼上带领大家学驴叫，是因为王粲生前非常喜欢听驴叫。有这种雅好的不止王粲一人，当时的许多名士都有模仿驴叫的嗜好，大家都认为驴的鸣叫声有音乐感，都以学驴叫为时尚。在我们现在看来，“学驴叫”这种送葬仪式似乎有些不可思议，更何况是世子曹丕和他带领的一群高官、文人雅士。他们之所以会有这种怪异的举动，与魏晋时期人们追求精神自由、个性解放、放浪不羁有关。说到底，我们祭奠一个人，懂得他内心的真正需求，给予他心灵的快乐便足矣。如此说来，“皆作驴鸣”有何不可呢？

理解重点词语

好

好

hǎo 1. 美，貌美。《陌上桑》：秦氏有好女。

2. 善，佳。《春夜喜雨》：好雨知时节。

3. 交好，和睦。《诗经·卫风·木瓜》：永以为好也。

hào 喜欢，喜好。《论语》：敏而好学。

本则小古文中的“好”是“喜好、喜欢”的意思，古文中还有很多字表示“喜好、喜欢”的意思，你知道哪些？

《史记》：盖孔子晚而喜《易》。

《史记》：齐威王之时喜隐。

《爱莲说》：晋陶渊明独爱菊。

《阿房宫赋》：秦爱纷奢，人亦念其家。

《战国策》：士为知己者死，女为悦己者容。

《送东阳马生序》：余幼时即嗜学。

《五柳先生传》：闲静少言，不慕荣利。

喜、爱、悦、嗜、慕……

互文扩展阅读

驴是古代重要的骑乘工具之一，与高大壮硕的骏马不同，不管是从形象，还是从寓意上来说，驴都显得更为落魄、失意，因此骑驴也成了很多不得志的文人笔下的常见意象。

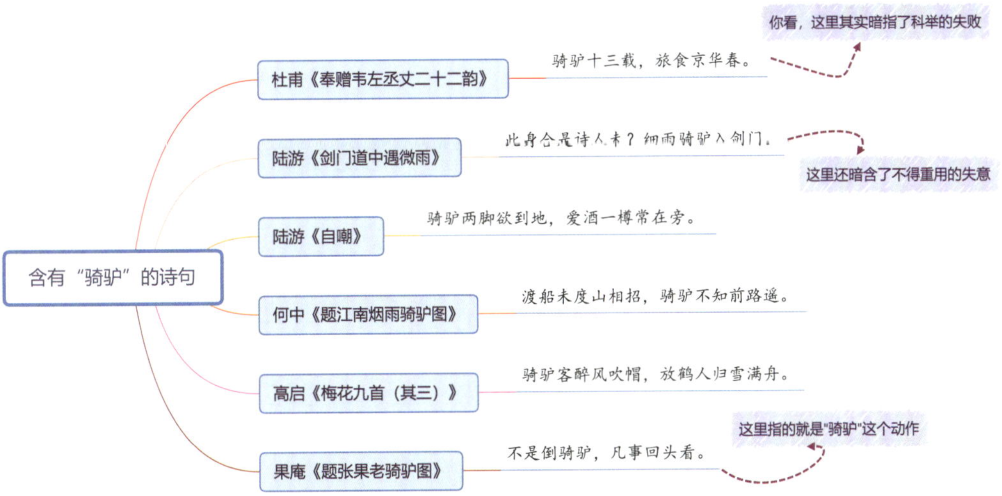

创意表达运用

王粲怎么会喜欢听驴叫呢?

启功先生告诉我们,大概在汉魏时期,人们逐渐发现汉语有平声、上声、去声、入声四种声调,而驴叫时“嗯啊”“特特”的声音,正好含有汉语的四声。

一般来说,动物的叫声是单声的,而驴叫则是多变的。王粲活着的时候爱听驴叫,大概就是发现了汉语声调的抑扬顿挫了吧。

你明白驴的叫声为什么有独特的魅力了吗?你有没有欣赏到某些事物的独特魅力呢?请你和大家分享一下吧!

喜欢的事物? ____________________

它的独特魅力? ____________________

向大家推荐它的原因? ____________________

体悟人物品格和精神——说说王粲

今天我们要一起认识的王粲,字仲宣,他是东汉末年的文学家。王粲擅长写文章,诗歌也有较大成就。他与曹植并称“曹王”,还与孔融、陈琳、徐幹(gàn)、阮瑀(yǔ)、应玚(yáng)、刘桢并称“建安七子”。王粲不仅名列七子,而且是其中成就最大的一位,文学理论家刘勰(xié)在《文心雕龙》中就赞誉王粲的诗赋为“七子之冠冕”。

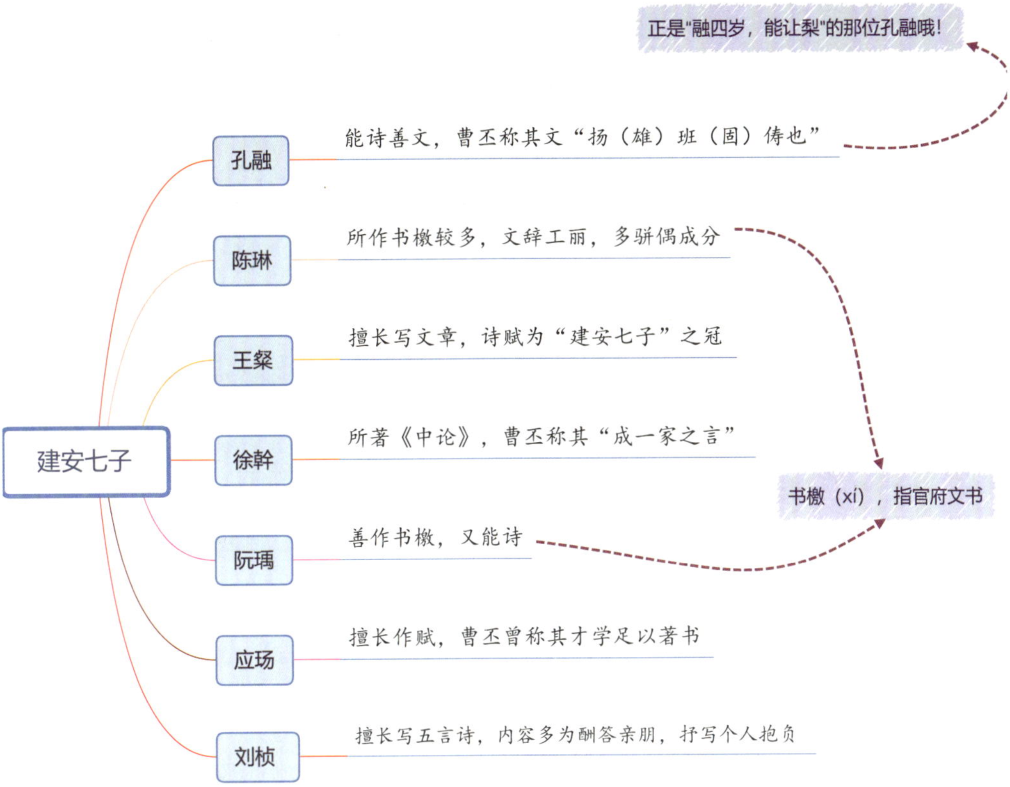
正是"融四岁，能让梨"的那位孔融哦！
建安七子
孔融
能诗善文，曹丕称其文“扬（雄）班（固）俦也”
陈琳
所作书檄较多，文辞工丽，多骈偶成分
王粲
擅长写文章，诗赋为“建安七子”之冠
徐幹
所著《中论》，曹丕称其“成一家之言”
阮瑀
善作书檄，又能诗
应玚
擅长作赋，曹丕曾称其才学足以著书
刘桢
擅长写五言诗，内容多为酬答亲朋，抒写个人抱负
书檄（xí），指官府文书

鸣鹅

会稽（jī）有妪，养一鹅，善鸣。右军求市不得，遂携亲友就观。妪闻羲之至，烹（pēng）鹅以待。右军叹惜弥日。

——《古今谭概》

梳理故事结构

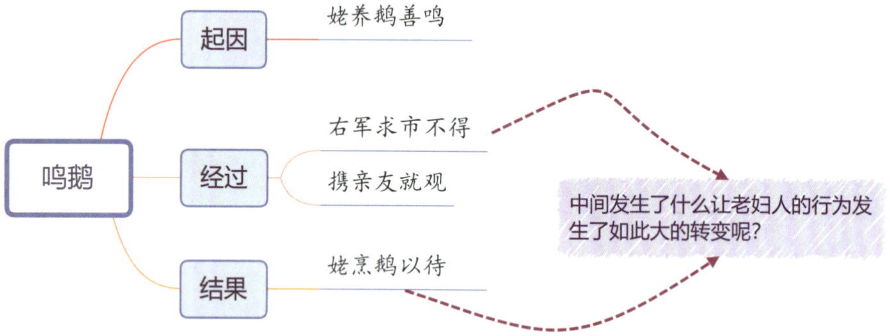

说说文章内容

生活中的很多事情总是阴差阳错，让人生出人算不如天算的叹息。今天要学的这则小古文，本来是一个很诗意、很唯美的故事，只可惜，被人弄巧成拙，反落了个千古遗憾。

说“书圣”王羲之，可不是一个只知道写字练字的宅男，相反，他是一个很有生活情趣的人！王羲之的一大爱好就是鹅，在当时以及后世均被传为美谈。

“会稽有姥”，会稽是古郡名，后作为今天浙江绍兴的别称，这里有一个老妇人。“养一鹅，善鸣”，这位老妇人养了一只擅长鸣叫的鹅。“右军求市不得”，这里涉及古代的一种称呼方式，古人常用某人担任的官职来称呼此人，以表示尊敬。“右军”指的是王羲之，因为他曾当过右军将军，所以又称他王右军。“市”就是买的意思。“右军求市不得”，就是说王羲之听说后想把它买下来，却没有买到。“遂携亲友就观”，于是王羲之第二次就带了一批亲朋好友前去观看。老妇人听说王羲之即将到来，就把那只擅长鸣叫的鹅给宰杀并煮好了来招待王羲之。王羲之看到擅长鸣叫的鹅被宰杀后，感慨伤心了一整天。“弥日”就是一整天的意思。

听完这个故事后，你们是不是有这样的疑问：为什么王羲之第一次去的时候老妇人没有杀鹅，但他第二次去的时候老妇人却杀掉了那只鹅呢？这中间到底发生了什么？这个故事虽然看似简单，仅仅36字，但其实里面的信息量很大。这个故事在情节上留下了很多的空白，比如省略了王羲之第一次是怎样前往老妇人家里去欣赏那只鹅的。如果我们结合现实生活中的经验，想象一下当时的情景，可以发现更多的乐趣！

我们可以想象一下，王羲之第一次前往时，一定是隐姓埋名的。因为他在当时是名人，如果他以真实身份前往的话，老妇人可能会把鹅廉价地卖给他。但王羲之是个低调的人，所以，他第一次前去买鹅时，估计是身着便服，低调前往的。老妇人当然也不可能知道他的身份，自然不肯轻易地把这么好的鹅卖给一个普通人。

王羲之第二次前往时，带上了亲友团。这次人员比较多，可能引起了路人的围观，备不住哪个随行的亲友说漏了嘴，透露了王羲之的真实身份；也可能是哪个围观的群众认出了王羲之；还有可能是老妇人看到上次的人这次又来了，感到奇怪，打听到了来人的真实姓名……总之，这下激发了老妇人的热情，知道大名鼎鼎的王羲之看上了这只鹅，于是，她把鹅宰杀并煮了，想献给王羲之当见面礼，结果弄巧成拙，让王羲之遗憾不已。我们换一个角度来思考，如果王羲之能明确告知对方自己的身份和前来的目的，也许这只鹅还能逃过一劫。

理解重点词语

弥日

弥日 “弥”是“满”的意思，“弥日”就是“一整天”的意思。

那么你知道下面这些由“弥”字组成的词语是什么意思吗？

弥月：__________ 弥望：__________ 弥天：__________

市

市 “市”一般表示“集市、市场”的意思，是名词，但是在“右军求市不得”这句话中，它的词性发生了变化，成了动词，表示“买”的意思。

答案：

弥月：（初生婴儿）满月。弥望：一望无际。弥天：满天。

互文扩展阅读

又山阴有一道士，养好鹅，羲之往观焉，意甚悦，固求市之。道士云："为写《道德经》，当举群相赠耳。"羲之欣然写毕，笼鹅而归，甚以为乐。其任率如此。

——《晋书》

这则小古文说的是山阴（今浙江绍兴）有一个道士擅长养鹅，爱鹅的王羲之特地前往那里观赏鹅。王羲之看见鹅群在水里浮浮沉沉、悠然自得的样子，十分喜爱，便央求道士把这群鹅卖给他。道士也仰慕王羲之的书法，于是他说："我的鹅是不卖的，如果你肯为我抄写《道德经》的话，我就愿意把整群鹅都送给你。"王羲之听到后开开心心地拿起笔开始写《道德经》，很快就书写好了。于是道士就把这群鹅装在笼子里，让王羲之带走了。这就是后来人们流传的"写经换鹅"的故事。

创意表达运用

《鸣鹅》这则小古文在故事情节上有很多留白，请你结合现实生活中的经验，想象一下当时的情景，续写一下这则小故事吧！

"鸣鹅"新说

会稽有姥，养一鹅，善鸣。

____

右军求市不得，遂携亲友就观。

____

姥闻羲之至，烹鹅以待。右军叹惜弥日。

林逋（bū）养鹤

林逋隐居杭州孤山，常畜两鹤，纵之则飞入云霄，盘旋久之，复入笼中。逋常泛小艇，游西湖诸寺。有客至逋所居，则一童子出应门，延客坐，为开笼纵鹤。良久，逋必棹（zhào）小船而归。盖尝以鹤飞为验也。逋高逸倨（jù）傲，多所学，唯不能棋。常谓人曰：“逋世间事皆能之，唯不能担粪与着棋。”

——《梦溪笔谈》

梳理故事结构

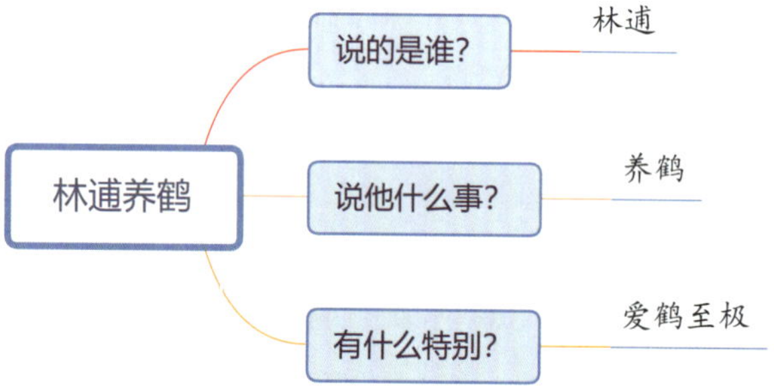

说说文章内容

林逋是北宋著名的隐逸诗人，被后人称为和靖先生。他年少时刻苦好学，通晓经史百家，但性情孤高，喜欢恬淡的生活。长大后曾经漫游江淮，最后隐居杭州西湖，在孤山住了下来。

林逋隐居在杭州孤山的时候，曾经养了两只仙鹤，放飞时它们就飞入云霄，在天空盘旋很久然后再回到笼子里。

林逋常常泛舟西湖，游览西湖边的各大寺庙。如果有客人来拜访，他的小书童会出来开门，请客人坐下后，小书童便打开笼子放飞仙鹤。过一会儿，泛舟的林逋必定掉转船头回来。这是他把仙鹤的飞翔作为有客来访的信号的缘故。

林逋品格高洁，性情倨傲，学识渊博，但就是不像其他文人雅士一样会下棋。不会下棋，又不服软，他常常对别人说："世间的事我都能做，唯独不会挑大粪和下棋。"你看这林逋，故意把下棋和挑大粪摆在一块，显得那样不屑。

林逋是爱鹤之人。他的《山园小梅》广为传诵，其中描写仙鹤动作的诗句——"霜禽欲下先偷眼"，只有长期观察仙鹤生活习性的人才写得出来。不仅如此，诗中"疏影横斜水清浅，暗香浮动月黄昏"两句，更是成功地描绘出梅花清幽香逸的风姿，被誉为"千古咏梅绝唱"。

他虽然过着隐居生活，但为人高洁，受人敬重。丞相王随、杭州郡守薛映，诗人范仲淹、梅尧臣等都与他诗歌唱和。后来，宋真宗听说他的才名，不仅赏赐给他粮食和衣物，还下令让当地政府善待体恤他。很多人劝林逋去当官，肯定能受到重用，他却只是摆摆手，婉言谢绝道："然吾志之所适，非室家也，非功名富贵也，只觉青山绿水与我情相宜。"意思是说：成家立业不是我的志向，做官、功名富贵也不是我的志向，我只觉得青山绿水和我最投缘，我最喜欢。他一辈子寄情山水，逍遥自在，栽梅养鹤，终身不娶，世人称他"梅妻鹤子"（把梅花当成妻子，把鹤当成儿子）。

明末清初的散文家张岱在《西湖梦寻》里记载道，南宋灭亡之后，有盗墓贼以为林逋是大名士，墓中的珍宝肯定很多，于是去挖他的坟墓。可是盗墓贼挖开之后发现，林逋坟墓之中陪葬的竟然只有一方端砚和一支玉簪。端砚是砚中珍品，那是林逋自己用的，那支玉簪于他又有什么特殊意义呢？终身不娶的林逋到底有着怎样的往事，才让他在青年时就灰心于仕途，归隐林泉终老此生？或许他的另一首以女子口吻所写的小词才是他的心声——“吴山青，越山青。两岸青山相送迎，谁知离别情？君泪盈，妾泪盈。罗带同心结未成，江头潮已平”。

这样的人，和他的诗词，才是宋代文人的真正品位。

理解重点词语

棹

棹

1. 划船的一种工具，船桨。《采莲曲》：春歌弄明月，归棹落花前。
2. 划行。《归去来兮辞》：或命巾车，或棹孤舟。

互文扩展阅读

长相思

林逋

吴山青，越山青。两岸青山相送迎，谁知离别情？
君泪盈，妾泪盈。罗带同心结未成，江头潮已平。

小隐自题

林逋

竹树绕吾庐，清深趣有余。

鹤闲临水久，蜂懒采花疏。

酒病妨开卷，春阴入荷锄。

尝怜古图画，多半写樵渔。

山园小梅二首（其一）

林逋

众芳摇落独暄妍，占尽风情向小园。

疏影横斜水清浅，暗香浮动月黄昏。

霜禽欲下先偷眼，粉蝶如知合断魂。

幸有微吟可相狎，不须檀板共金樽。

创意表达运用

林逋终身不仕不娶，无子，唯喜植梅养鹤，自谓“以梅为妻，以鹤为子”。请聪明的你展开想象，想象林逋在和梅、鹤相处的隐居日子里会和它们说些什么呢？一个如此爱梅、护鹤的人又会做些什么呢？请你写一写。

____

____

____

____

支公好鹤

支公好鹤，住剡（shàn）东岇（àng）山。有人遗（wèi）其双鹤，少时翅长欲飞。支意惜之，乃铩（shā）其翮（hé）。鹤轩翥（zhù）不复能飞，乃反顾翅，垂头。视之，如有懊丧意。林曰：“既有陵霄之姿，何肯为人作耳目近玩？”养令翮成，置使飞去。

——《世说新语》

梳理故事结构

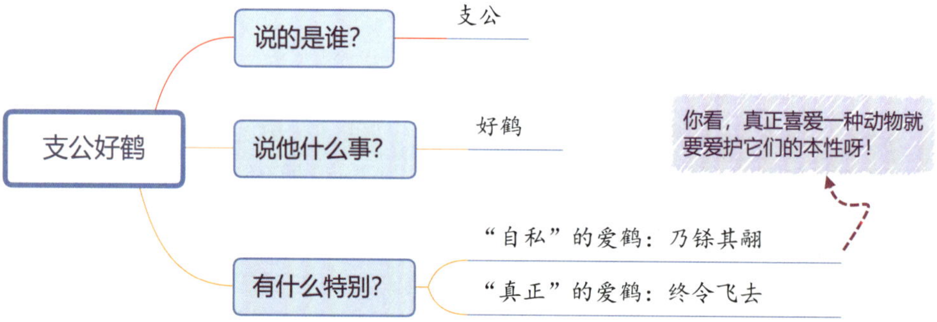

说说文章内容

支公就是支遁，字道林，所以也称他支道林、林公。他是东晋时期的著名僧人，名士。支道林好谈玄理，常和谢安、王羲之等交游。他一生游山乐水，好吟诗文，还很喜爱鹤。他住在浙江东部的岇山时，有朋友送给他一对小鹤。在支道林的精心照料下，小鹤的羽翼渐渐丰满，振翅欲飞。

但支道林心里舍不得它们，便剪去了鹤的翅膀。失去羽翼的鹤一次次振翅奋力却飞不起来，久而久之，它们只能对着天空长鸣，再低头看看自己受伤的翅膀，看上去好像非常懊恼失落的样子。支道林看着仙鹤垂头丧气的样子，说：“它们既然有直上云霄的资质，怎么肯被人们当作耳目观赏的玩物呢？”于是把鹤喂养到翅膀重新丰满后，就放鹤飞去了。

这则小古文中第一句话便说支道林“好鹤”，所以他对小鹤悉心照料、倍加珍惜，因为不舍得它们飞走而剪去鹤的翅膀。但当他看到失去飞翔能力的鹤垂头丧气、不愿被人当作玩物的样子后，随即养好它们的翅膀，放鹤飞去。任何人要舍弃所爱之物都难免会心疼，支道林也不例外，但他最终还是将鹤放飞，这体现出他遵循自然、尊重动物本性的洒脱性格。当然，这也是佛家放下执念的体现。

理解重点词语

铩

铩

1. 古代的一种兵器，长矛。
2. 摧残，伤害（羽翅）。

铩羽

铩羽 羽毛摧落。比喻失意、受挫折。

铩羽而归

铩羽而归 比喻失败或不得志而归。

翥

翥

（鸟）向上飞。

鸾（luán）翔凤翥：比喻书法笔势飞动的样子。

互文扩展阅读

古代有不少人好鹤，他们与“鹤”之间产生了许多佳话，让我们一起来看看这些故事吧！

丁令威化鹤归乡

丁令威，本辽东人，学道于灵虚山。后化鹤归辽，集城门华表柱。时有少年，举弓欲射之。鹤乃飞，徘徊空中而言曰：“有鸟有鸟丁令威，去家千年今始归。城郭如故人民非，何不学仙冢垒垒！”遂高上冲天。今辽东诸丁云其先世有升仙者，但不知名字耳。

——《搜神后记》

赵抃（biàn）好鹤

北宋大臣赵抃，人称“铁面御史”。他平生蓄雷氏琴一张，鹤与白龟各一，到哪里都随身携带。赵抃初次到成都任职时，只带了一张琴和一只鹤，朝野上下都佩服他的简从清德。晚年，赵抃自越入蜀，再守成都。渡过淮河之前，他放生了鹤；渡过淮河之后，又放生了龟。有道是龟鹤延年，但他觉得既然使命已毕，余年无多，就当让它们各得其所。后来他辞官后回到老家居住，生活和一般的百姓没有差别。

创意表达运用

支道林一开始为了留住心爱的鹤竟不惜毁其羽翼，后来他为鹤着想，让鹤得以展翅翱翔，这才是真正的“爱”。哲学家阿米埃尔说：“嫉妒并不是希望所爱东西的善，而是想要征服所爱的东西以及自己对所爱东西的胜利。”我们爱一样东西时要用心去爱，而不是想着征服和占有。看了《支公好鹤》这则故事，你对于“爱”有什么想说的吗？

体悟历史文化——说说鹤的寓意

鹤的寓意

- **长寿**：在传统文化中，鹤与龟一样，都被视为长寿的象征，祝寿词常有“鹤寿”“鹤龄”等语，成语有“鹤发童颜”“龟鹤遐龄” 等
- **高洁品德**：常用“鹤鸣之士”比喻有高尚品德的贤能之士；用“一琴一鹤”比喻为官清正简朴，廉正不阿，也用以称颂品德高尚者

  你知道哪些“鹤鸣之士”呢？
- **忠贞**：鹤雌雄相随，步行规矩，情笃而不淫，具有很高的德性，因此也被用作“忠贞”的象征
- **富贵清正**：明清两代一品文官官服补子即为仙鹤，因此鹤也被称为“一品鸟”

  补子：明清官服的前胸和后背处缝有一块方形标志，绣有不同的鸟兽图案，用来区别品级的高低。

第二篇

洁癖

小古文大发现 古人雅好之奇

洁疾

王维居辋（wǎng）川，地不容微尘，日有十数帚扫治。专使两僮缚帚，有时不给（jǐ）。

王思微好洁，左右提衣，必用白纸裹手指。宅中有犬污屋栋，思微令门生洗之，意犹未已，更令刮削；复言未足，遂令易柱。

——《古今谭概》

梳理故事结构

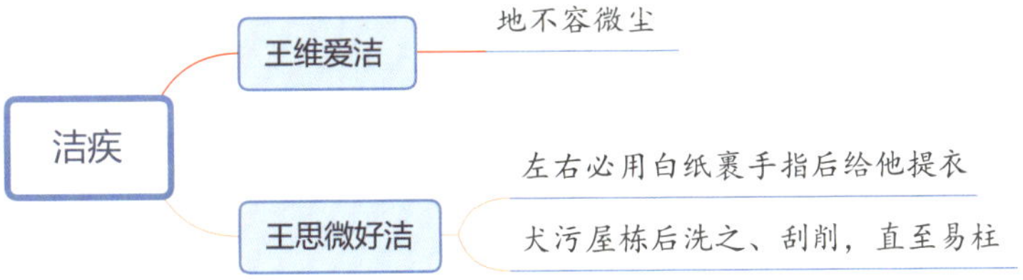

说说文章内容

无论是讲个人卫生还是公共卫生，都是一件文明的事。其实从古至今，讲究卫生、洁身自好，甚至清洁成癖的人历来都是有的。这两则小古文就向我们介绍了两个有洁癖的人——王维和王思微。

王维是唐代著名的诗人、画家，他晚年隐居在陕西蓝田的辋川别业。据说王维居住在辋川时，地面上不容许有些许的灰尘，每天都有十几把扫帚在打扫。他让两个仆人专门负责绑缚扫帚，但因为他要求太高，扫帚还是不够用。

故事中说的另外一个特别爱干净的人是王思微。王思微爱干净到什么程度呢？仆人要为他提衣，都必须用白纸裹着手指才行。还特别要提到一件事，有一回，王思微家的狗在柱子上撒了一泡尿，王思微让门生专门清洗，清洗完了还是觉得不行，又让他们把有狗尿的地方刮削掉，刮削完了他还是觉得心里有阴影，直到最后命人把那根柱子换了才作罢。

爱干净本没有错，但若为此耿耿于怀、过分追求干净，那就成了一种心理疾病了。这种情况在古代被称作“洁疾”。

理解重点词语

意犹未已

意犹未已

1. 指还没有尽兴。

2. 意思还没有全部表达出来。犹，还。

近义词：“余味无穷”，形容美妙的诗文、歌曲或可口的食物耐人回味。

互文扩展阅读

明代的谢肇（zhào）淛（zhè）在《文海披沙》中说道："古今有洁疾者，莫如庾炳之、王思微、米南宫、倪元镇。"米南宫说的是米芾，倪元镇指的是倪瓒（zàn）。王思微的洁疾我们已经领略过了，米芾的故事后面我们会详细学到，现在让我们来看一看庾炳之和倪瓒这两人因为洁疾会发生什么样的故事吧！

庾炳之

炳之为人强急而不耐烦，宾客干诉非理者，忿詈（lì）形于辞色。素无术学，不为众望所推。性好洁，士大夫造之者，去未出户，辄令人拭席洗床。时陈郡殷冲亦好净，小史非净浴新衣，不得近左右。士大夫小不整洁，每容接之。炳之好洁反是，冲每以此讥焉。

——《宋书》

倪瓒

（倪瓒）性好洁。文房拾物，两僮轮转拂尘，须臾弗停。庭前有梧桐树，旦夕汲水揩洗，竟至槁死。尝留友人宿斋中，虑有污损，夜三四起，潜听焉。微闻嗽声，大恶之，凌晨令童索痰痕，不得，童惧笞，拾败叶上有积垢似痰痕以塞责。倪掩鼻闭目，令持弃三里外。

——《古今谭概》

创意表达运用

第一步	令	洗之
第二步	更令	刮削
第三步	遂令	易柱

在写王思微因为狗污屋栋而发布的三个命令时，那则小古文用了“令”“更令”“遂令”三个词，将事情写得层层递进、清楚明白。我们也可以仿照这样的方式，用上“更”“复”“遂”等词，把一件事情发生的不同阶段写清楚。你也来试一试吧！

体悟人物品格和精神——说说王维

今天我们要一起认识的王维，他是唐代著名诗人、画家，字摩诘。因为他笃信佛教，而且所写诗中多禅家理趣，所以被称为“诗佛”。因曾经官至尚书右丞，因此他又被称为“王右丞”。他的诗与孟浩然齐名，并称“王孟”。

王维前期写过很多以边塞为题材的诗篇，后来更以山水诗为后世称道，他通过描绘田园山水，叙写隐逸情趣和佛教禅理，体物精细，状写传神，具有独特成就。不仅如此，王维也通音乐，精绘画，他是中国文人画的开创者，在山水画方面成就最高。苏轼曾称他“诗中有画，画中有诗”，董其昌曾评价“文人之画，自王右丞始”。

王思远性简洁

齐王思远性简洁，客诣己者，衣服垢秽则不前，必刑[1]仪新楚，乃与促膝。及客去，犹令二人交帚拂其坐处。

——《古今谭概》

注：①刑，应作形。

梳理故事结构

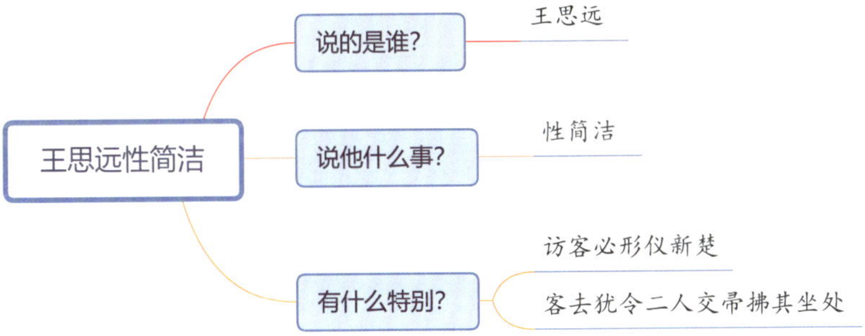

说说文章内容

南齐有个人叫王思远，十分爱干净。每当有客人登门拜访他时，如果客人衣服穿得脏，他就不走近客人；来者必须是仪表整洁、衣服干净的人，他才愿意与客人促膝长谈。即使是这样，等到客人离去，他仍要命令两位仆人反复擦拭客人坐过的地方。

你看，古人也会有我们今天所说的洁癖！人是一种有性情的生物，举止上的不同，或是做出在常人看来荒诞可笑的事情，大多出于人的性情。

所谓性情，简单来说就是指人的性格、习性以及思想感情。了解某人的性情后，再去看他的举止，就能明白非常之事因何故，就如同王思远家中的仆人，或是王思远的妻子儿女，对于他这样的举动，或许就习以为常、不足为奇，并能在一定程度上理解他了。古往今来不乏奇谈怪论，也不乏非常之人的非常之举，这也是世界如此精彩的原因吧。

理解重点词语

简洁

简洁

1. 清洁。《古今谭概》：齐王思远性简洁。
2. 处世清白无瑕。《旧唐书》：元辅简洁贞方，绰继门风。
3. 简明扼要。《商论》：商人之诗骏发而严厉，其书简洁而明肃。

形仪新楚

形仪 仪容；仪表。《颜书》：况此字颇怪，堂堂伟形仪。

新楚 整洁。

近义词：“仪态万方”，形容姿态美丽多姿。
“衣冠楚楚”，形容穿戴整齐、漂亮。

促膝

促膝 膝盖与膝盖相接，坐得很近。《抱朴子》：促膝之狭坐，交杯觞于咫尺。

互文扩展阅读

其实关于王思远有洁癖这件事，在《南齐书》和《古今谭概》中均有记载，但是记述方式有所不同，后者更加简洁。看看以下这两则记载，我们可以进一步体会文言文的语言特点！

“王思远性简洁”在古籍中的不同记载

思远清修，立身简洁。衣服床筵，穷治素净。宾客来通，辄使人先密觇（chān）视，衣服垢秽，方便不前，形仪新楚，乃与促膝。虽然，既去之后，犹令二人交帚拂其坐处。

——《南齐书》

齐王思远性简洁，客诣己者，衣服垢秽则不前，必刑仪新楚，乃与促膝。及客去，犹令二人交帚拂其坐处。

——《古今谭概》

创意表达运用

你看，“王思远性简洁”这则小古文写王思远的洁癖，其实在一开始就点明了文章的中心——“齐王思远性简洁”，后面记叙的内容都是围绕着“简洁”这个词展开来写的。我们在写作中也可以参考这样的表达方式，请你试着用这种方式来写一写你身边的一个爱干净的人的故事。

________（某时 / 某地）________（某人）性简洁，________________

____

____

____

米芾择婿

米芾方择婿，会建康段拂字去尘。芾择之，曰：“既拂矣，又去尘，真吾婿也。”以女妻之。

——《古今谭概》

梳理故事结构

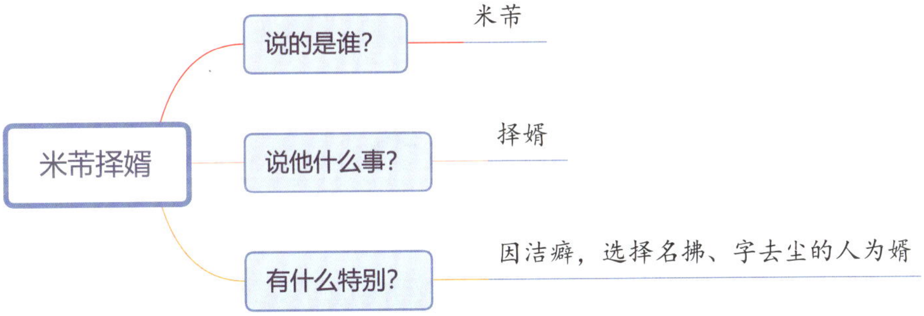

说说文章内容

米芾，字元章，宋代书法家、画家、书画理论家，与苏轼、黄庭坚、蔡襄合称“宋四家”或并称“苏黄米蔡”。不过，米芾在这四人中个性最为怪异，除了书法成就，他的轶闻趣事也让后人津津乐道。

米芾向来有洁癖，在他的人生中，小到生活琐事，大到人生仕途，甚至儿女婚事，都跟他的洁癖有关。

比如这一次，米芾正在选女婿。在他为女儿的婚事思前想后、左右为难的时候，他遇到了这么一个人，“会建康段拂字去尘”，就是说他遇见了一个南京的小伙子，叫段拂，字去尘。建康是南京的古称。米芾一下子就选中了他。为什么呢？因为米芾看到这个小伙子的名字，他就想：“‘段拂’‘去尘’，既然已经拂过了，还要再去一下尘，这个人绝对跟我一样爱干净，这才配做我的女婿啊！”于是便把女儿嫁给了这个人。因为名字寓意干净，就做了人家的女婿，段拂父母最初给他取名字的时候一定没想到还会有这样的意外收获。

各位读者，读到这里，你是否也想品味一下你的名字，看看能不能带给你惊喜呢？

理解重点词语

以女妻之

妻 本义是妻子，名词。在这里活用成了动词，意思是“把女子嫁给（某人）”。

哇，原来文言文中有这么有趣的现象呢！既然文言文中一个字不仅可能含有多种意思，而且还可能改变词性。那我们在读文言文的时候应该怎样确定某个字的含义呢？其实读懂文言文一点儿也不难，我们可以“从大处着眼”，把句子连起来读一读，联系上下文来确定这个字的意思。

互文扩展阅读

米芾索砚

米芾十分喜爱砚台。每次看到好的砚台他总想据为己有，即使面对皇帝也不例外。一次，宋徽宗让米芾在一面屏风上写字，实际上皇帝也想见识一下米芾的书法，因为宋徽宗十分喜爱书法，他自己也很擅长书法，他创造的“瘦金体”在书法史上很有名气。米芾笔走龙蛇，很快就书写完毕。宋徽宗看后觉得米芾果然名不虚传，对他大加赞赏。米芾看到皇帝正高兴，随即将皇帝心爱的砚台装入怀中，匆忙之中墨汁四处飞溅，弄脏了他的衣服他也毫不介意，还笑嘻嘻地跟皇帝说：“这个砚台臣已经用过了，哪还适合再给皇上用，请您赐予我吧？”皇帝看他如此喜爱这个砚台，又爱惜其书法才能，不觉大笑，就将砚台赏赐给了他。米芾爱砚之深，竟然将砚台比作自己的头，抱着所爱之砚共眠数日。

米芾爱砚，不仅仅是为了赏砚，他还研究砚。他著有《砚史》一书，对各种砚台的产地、色泽、细润、工艺等都作了论述。

创意表达运用

本则小古文中的米芾，竟然因为有人名字寓意干净就把女儿嫁给了那人，真是有洁癖到了极致。其实这则小古文在表达上也很有意思，“米芾方择婿，会建康段拂字去尘”，一个“方”字和一个“会”字就将两件不相干的事情串在了一起：米芾正在挑选女婿，刚好碰上建康一个叫段拂，字去尘的人。你也可以试着用这样的句式来写一写！

________（某人）方____________________（做某事），会____________________（另一事）

体悟人物精神和品格——说说米芾

余尝评米元章书如快剑斫阵，强弩射千里，所当穿彻，书家笔势亦穷于此。然似仲由未见孔子时风气耳。——黄庭坚

米芾得能书之名，似无负于海内。——赵构

（芾）特妙于翰墨，沈著飞翥，得王献之笔意。——《宋史》

予尝评海岳翁（指米芾）书如李白醉中赋诗，虽其姿态倾倒，不拘礼法，而口中所吐，皆成五色文。——宋濂

苏（轼）称米书超逸入神。——李东阳

天姿凌轹未须夸，集古终能自立家。——王文治

米元章有洁疾

米元章有洁疾，盥（guàn）手以银为斗，置长柄，俾（bǐ）奴仆执以泻水于手，呼为“水斗”。已而两手相拍至干，都不用巾拭。有客造元章者，去必濯（zhuó）其坐榻。巾帽亦时时洗涤。又朝靴偶为他人所持，必甚恶（wù）之，因屡洗，遂损不可穿。

——《古今谭概》

梳理故事结构

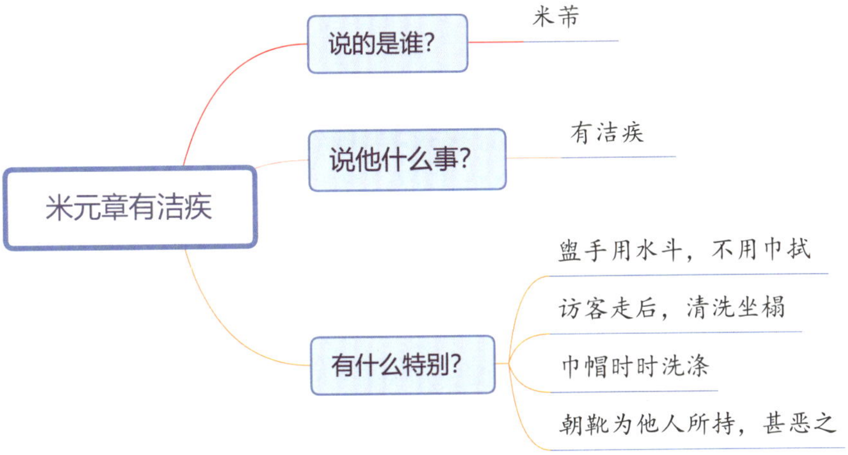

说说文章内容

这个米元章相信大家一定不陌生了，他就是著名书法家米芾。米芾因为为人率性，有时候举止癫狂，所以世人又称他为“米颠”。

这一则小古文讲述的又是一些会让人觉得他很癫狂的事。开头一句“米元章有洁疾”，已经做了总的概述，意思是米芾这个人有洁癖。下面的内容是援引具体事例展开说明他的洁癖到了什么程度。比如他洗手（盥手就是洗手的意思）总要用银斗，还要给银斗安一个长柄，让仆人拿着银斗的柄把水倒在他手上，他把这叫做“水斗”。其实这种行为在现在看来还是比较正常的。但是洗完后他居然拍着两手让它自然干，不用毛巾擦拭，因为他嫌毛巾脏。这样看来，若是生在现代他倒是不用担心的，我们现在很多盥洗室、公共洗手间都有干手器。

若有客人来拜访米芾，“造”就是拜访、会见的意思，待客人走后，他一定会让人清洗客人坐过的坐榻。这种行为就有点过分了。他的头巾、帽子也要时常洗涤。有一次上朝时，米芾的朝靴被人拿了一下，这下麻烦大了，回到家，他把朝靴洗了又洗，刷了又刷，直到最后把这双朝靴洗破了、穿不成了才罢休。

理解重点词语

盥

盥

1. 盛水洗手。《说文解字注》：盥者，手受之而下流于槃（盘）。
2. 洗手的器皿。

俾

俾

1. 使。俾众周知：意思是让大家都知道、了解。
2. 顺从。《尚书》：罔不率俾。

洗涤

洗 用水去掉污垢。

涤 洗，除。

洗涤 用水洗；清除。

你发现了吗？“洗涤”中的两个字都有“清洗”的意思，像这样由两个意思相同或相近的字组成的词你还知道哪些？

奔跑、跳跃、飞翔、明亮、黑暗、湖泊、海洋、肥胖、喜欢、依偎、疼痛、栖息、歌唱、计算、苦难、甜蜜……

互文扩展阅读

（米芾）有好洁之癖，任太常博士，奉祠太庙，乃洗去祭服藻火，而坐是被黜。

——庄绰《鸡肋编》

创意表达运用

我们学习了很多关于米芾有洁癖的故事，其实爱干净是好事，但是过于爱干净也不可取。读了这么多则关于洁癖的小古文，你想对爱干净到了极致的人说些什么呢？

第三篇

渴饮

小古文大发现　古人雅好之奇

浴酒

石裕造酒数斛（hú），忽解衣入其中，恣（zì）沐浴而出，告子弟曰：“吾平生饮酒，恨毛发未识其味。今日聊以设之，庶无厚薄。”

——《古今谭概》

梳理故事结构

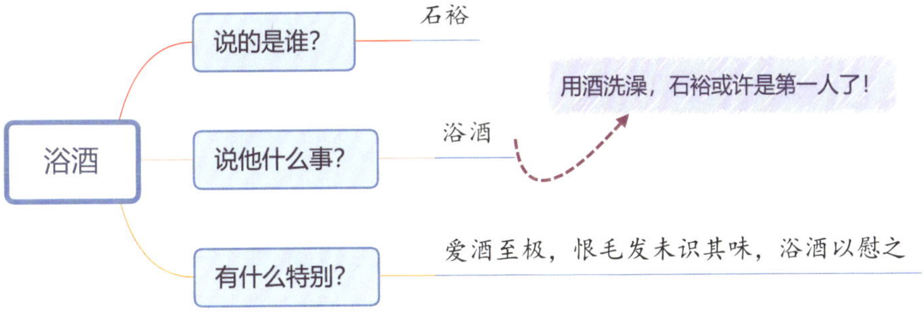

说说文章内容

一次，石裕酿了几大斛酒，斛是古代的容量单位，一斛相当于十斗，他忽然脱下衣服跳进酒缸中，舒舒畅畅地洗起澡来。他告诉跟他学习酿酒的徒弟们说：“我平生喜爱喝酒，一直遗憾身体毛发不知道酒的味道。今天暂且这样安排来慰藉一下它们，这样身体内外就受到了同等对待，没有厚薄之分了。”

用酒洗澡，石裕大概是史上第一人。他酒瘾够大，喝酒不过瘾，还让身体各个毛孔也尝尝酒的味道。即使在我们今天看来，也依然会觉得他的行为有些不遵循常理，而且跳入酒缸既不安全，又不卫生，非常不可取。

冯梦龙在《古今谭概》中还写了一个关于酒鬼的笑谈故事，故事的主角叫陈镐（hào）。陈镐也爱饮酒，他的父亲十分担心他在官场上因酒误事，耽误了前程，便写信告诫在外做官的陈镐要戒酒，如果实在馋酒想喝，也不要超过三杯。陈镐看了父亲的信后，发誓要遵守，于是他郑重其事地找工匠专门打造了一个酒杯，并将“父命戒酒，止饮三杯”八个字刻在酒杯上，时刻提醒自己每次饮酒不能超过三杯。从此他喝酒都用这个杯子。决心这么大，行动力这么强，那他戒酒一定成功了吧。且慢，让我们来看看他的酒杯有多大。陈镐专门请人打造的这个酒杯可盛二斤多白酒，比一般的碗还大，三杯下肚，比戒酒之前喝得还多。

理解重点词语

我们现在常常用到“聊天”这个词，这里面“聊”的意思是闲谈。那么在文言文中“聊”又有哪些意思呢？让我们一起来看看吧！

聊

聊

1. 耳鸣。《说文解字》：聊，耳鸣也。
2. 依赖。《战国策》：百姓不聊生。
3. 姑且。《诗经》：聊与之谋。
4. 略微。《庚戌岁九月中于西田获早稻》：开春理常业，岁功聊可观。
5. 谈，闲谈。聊天，闲聊。

互文扩展阅读

饮酒的诗句

- **饮酒排遣孤寂**：花间一壶酒，独酌无相亲。——李白《月下独酌》
- **饮酒欢庆还乡**：白日放歌须纵酒，青春作伴好还乡。——杜甫《闻官军收河南河北》
- **饮酒慰藉生活**：我有一瓢酒，可以慰风尘。——韦应物《简卢陟》
- **饮酒难消乡愁**：酒入愁肠，化作相思泪。——范仲淹《苏幕遮》
- **饮酒惜春忆春**：把酒祝东风，且共从容。——欧阳修《浪淘沙》
- **饮酒追忆往昔**：欲买桂花同载酒，终不似，少年游。——刘过《唐多令》

你看！这么多诗人都写过“酒”，那是因为古人开心了饮酒庆祝，伤心了也借酒排遣苦闷，酒中灌注了他们的情思，饮酒变得不仅仅是饮酒，而更多的是心绪的抒发。

古代的文人们饮酒后除了乘着酒兴抒发心绪外，还乘着酒兴写出了无数妙语，让我们一起来看看吧！

东坡云：“吾酒后乘兴作数十字，觉酒气拂拂，从十指出也。”大是妙语。

——《侯鲭（zhēng）录》

体悟历史文化——说说酒

- 来说酒
  - 古代酒的雅称
    - 杜康：总道忘忧有杜康，酒逢欢处更难忘。——元好问《鹧鸪天》
    - 觞酌：茶果邀真侣，觞酌洽同心。——韦应物《简寂观西涧瀑布下作》
    - 绿蚁：绿蚁新醅酒，红泥小火炉。——白居易《问刘十九》
    - 欢伯：三人成邂逅，又复得欢伯。——元好问《留月轩》
    - 杯中物：心犹未死杯中物，春不能朱镜里颜。——黄庭坚《次韵柳通叟寄王文通》
    - 流霞：寻芳不觉醉流霞，倚树沉眠日已斜。——李商隐《花下醉》
    - 老春：纪叟黄泉里，还应酿老春。——李白《哭宣城善酿纪叟》
    - 青州从事：醉中不得亲相倚，故遣青州从事来。——皮日休《醉中寄鲁望一壶并一绝》
  - 古代美酒的种类
    - 酎（zhòu）：是月也，天子饮酎。——《礼记》
    - 屠苏酒：谁家岁酒熟，辍棹忆西村。——林逋《山中冬日》
    - 葡萄酒：天马常衔苜蓿花，胡人岁献葡萄酒。——鲍防《杂感》
    - 桑落酒：百杯桑落酒，三叠阳关句。——刘基《千秋岁》
    - 羊羔酒：羊羔酒出汾州、孝义等县。——《酒品》
  - 风雅的饮酒活动
    - 曲水流觞：引以为流觞曲水，列坐其次。——王羲之《兰亭集序》

刘伶爱酒

（一）刘伶病酒

刘伶病酒，渴甚，从妇求酒。妇捐酒毁器，涕泣谏曰："君饮太过，非摄生之道，必宜断之！"伶曰："甚善。我不能自禁，唯当祝鬼神，自誓断之耳。便可具酒肉。"妇曰："敬闻命。"供酒肉于神前，请伶祝誓。伶跪而祝曰："天生刘伶，以酒为名，一饮一斛，五斗解酲（chéng）。妇人之言，慎不可听！"便引酒进肉，隗（wēi）然已醉矣。

（二）纵酒放达

刘伶恒纵酒放达，或脱衣裸形在屋中，人见讥之。伶曰："我以天地为栋宇，屋室为裈（kūn）衣，诸君何为入我裈中！"

——《世说新语》

梳理故事结构

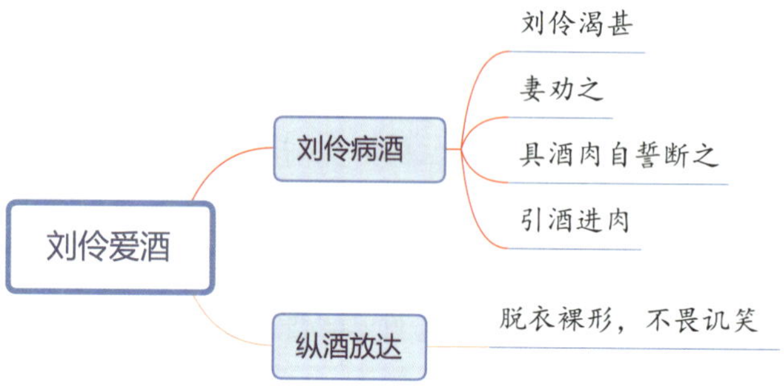

说说文章内容

中国古代的诗人似乎都是离不开酒的，像“对酒当歌，人生几何”“何以解忧，唯有杜康”“古来圣贤皆寂寞，惟有饮者留其名”“举杯邀明月，对影成三人”“明月几时有，把酒问青天”等等，诗与酒从来都是形影不离的。在古代众多名士中，最好酒的要数贾岛、刘伶两人，有一副对联为证：贾岛醉来非假倒，刘伶饮尽不留零。说的就是他们俩一个喝酒喝得倒地为止，一个喝酒喝得一滴不剩。今天我们一起来学习的两则小古文，讲述的就是其中一个嗜酒如命的高士——刘伶喝酒的故事。

刘伶是魏晋时期的名士，“竹林七贤”之一，他一生不愿做官，嗜酒如命，常常坐着鹿车，带一壶酒，并命人扛着铁锹跟着他，说：“如果我醉死了，就顺便在那把我埋了。”今天要学习的两则小古文中的故事跟这个故事一样，非常有意思。

第一则小古文讲的是刘伶因饮酒过度感到渴得厉害，就向妻子要酒喝。但他妻子把酒都倒了，把他喝酒的用具也全砸了，并哭着劝阻刘伶道：“你喝酒过量，这不是养生的办法，应该戒掉！”刘伶说：“很好。不过我自己戒不了，只有在鬼神面前祷告，发誓戒酒，这样才行。为了我能成功戒酒，你去准备祭祀用的酒肉吧。”妻子遵照他所说的，准备好酒肉供奉在神像前，让刘伶发誓戒酒。刘伶跪下祷告道：“天生我刘伶，酒就是我的命啊！一饮就是一斛，五斗就能消除我的酒病。妇人的话，千万不要听！”说罢就又拿起酒肉吃喝起来，晃晃悠悠又醉倒了。

第二则小古文讲的是刘伶常常纵酒放任，有时脱去衣服，赤身裸体地待在屋子里，有人看到后就讥笑他。面对别人的讥笑，刘伶不仅不在意，反而还说：“我把天地当作房屋，把房屋当作衣裤，你们怎么钻进我的裤裆里来了！”

你看，虽然喝醉酒了容易说一些出格的话，或者做一些出格的事，但少有人像他一样离谱，而且还振振有词的。嬉笑怒骂、放浪形骸、快然自足，这就是魏晋名士的风范。

互文扩展阅读

同样的酒 不同的情

- 对酒当歌，人生几何！——饮的是求贤若渴、逐鹿天下的野心
- 花间一壶酒，独酌无相亲。——饮的是形单影只、孤寂愁闷的苦闷
- 绿蚁新醅酒，红泥小火炉。——饮的是简单真挚、温暖人心的情谊
- 古来圣贤皆寂寞，惟有饮者留其名。——饮的是壮怀激烈、笑傲平生的胸怀
- 桃李春风一杯酒，江湖夜雨十年灯。——饮的是山水相隔、隔空祈愿的深情
- 三杯两盏淡酒，怎敌他、晚来风急？——饮的是家亡国破、孤独凄凉的悲痛
- 浊酒一杯家万里，燕然未勒归无计。——饮的是深沉忧国、浓重思乡的惆怅

创意表达运用

今天我们学习的这两则小古文，通过刘伶和妻子的对话，刘伶和讥笑他的人的对话，向我们展现了一个嗜酒如命、任情恣性的名士的形象。对话，或者说语言描写，是描写人物的重要方法。请你也试着用语言描写，来凸显你对某一个人或者某一样事物的喜爱吧！

第四篇

善啖

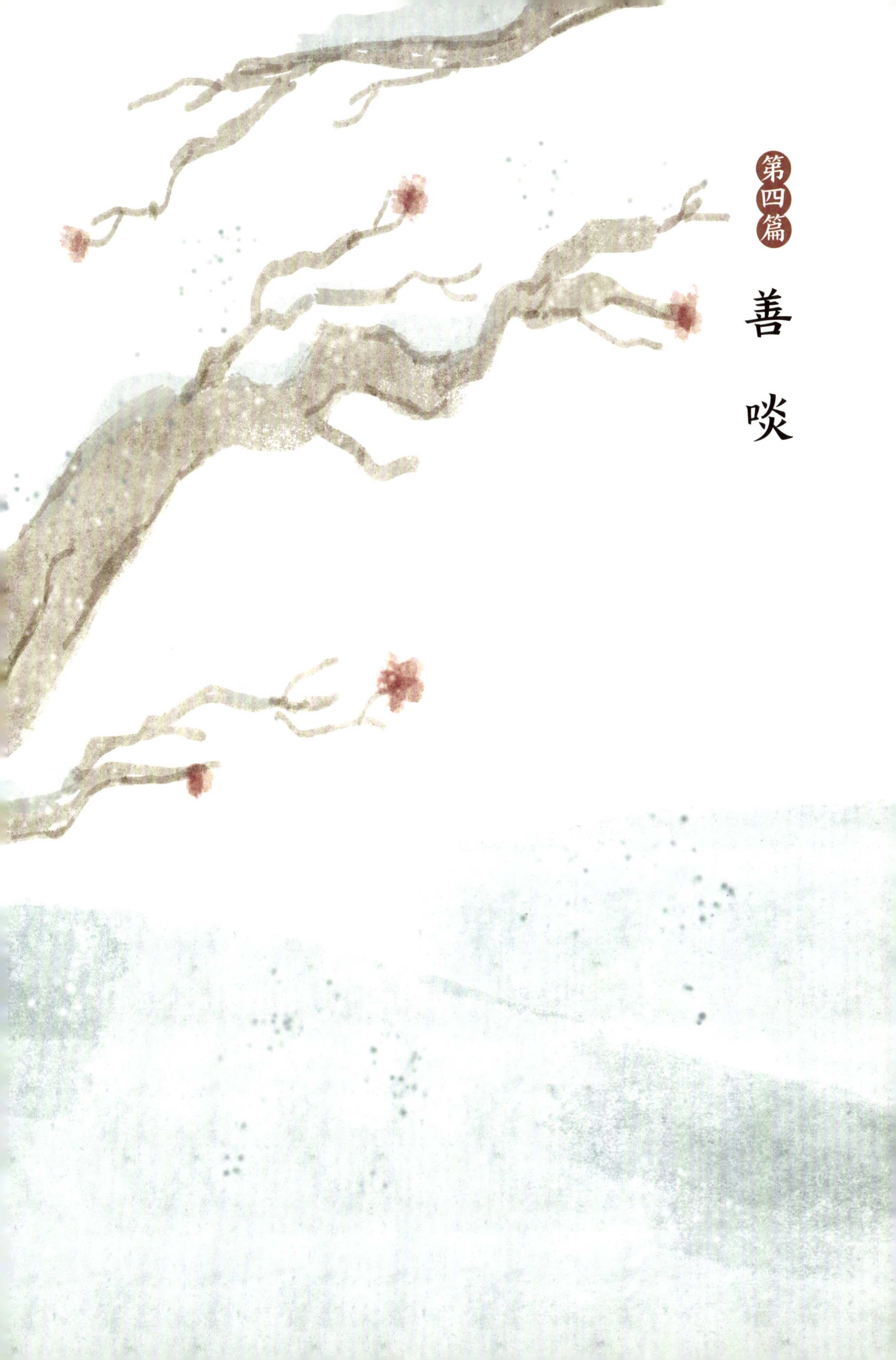

小古文大发现　古人雅好之奇

健啖（dàn）

（一）

山涛酒后哺啜（chuò），折箸不休。

（二）

《癸辛杂识》：赵相温叔健啖。致仕日，召一士人同食，各啖若干。临别，士人腰间有声，疑其腹裂，问之，云：“平生苦饥，以带束之。适蒙赐饱，不觉带断，非有他也。”

——《古今谭概》

梳理故事结构

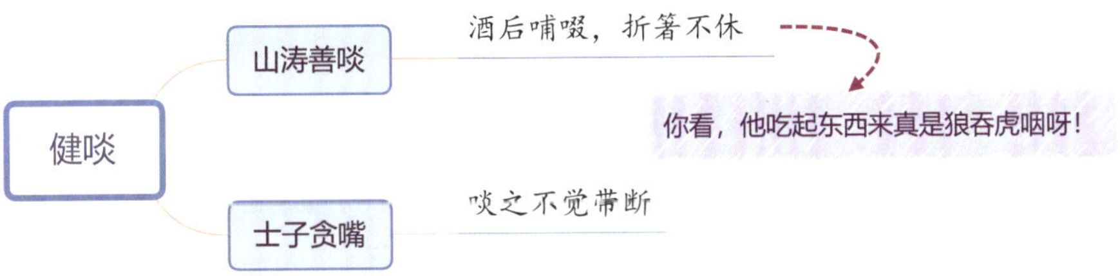

说说文章内容

这两则小古文的题目叫“健啖”，“啖”是吃的意思，从题目就可以知道，这两则小古文讲的是善吃的故事，故事中的主人公都是“吃货”，而且是大胃王。

第一则小古文说的是山涛。山涛是三国至西晋时期的名士、政治家，与我们前面提到的刘伶同属“竹林七贤”。“山涛酒后哺啜，折箸不休”，说的是山涛这个人饭量很大，喝了酒后继续吃喝，狼吞虎咽，连筷子折断了也停不下来！

第二则小古文引用了《癸辛杂识》这本书里的内容，说宰相赵温叔很善于吃。退休那天，他邀请一个读书人一起吃饭，两个人都吃了很多。临别的时候，那个读书人腰间发出崩裂的声响，赵温叔怀疑是他的肚子胀破了，于是就问他怎么回事，读书人回答说：“我平生从来没有吃饱过，为了抵御饥饿，平时都用腰带束紧肚子。刚才承蒙您赐了一顿饱饭，不知不觉把腰带都撑断了，没别的事，不用担心。”

理解重点词语

适蒙赐饱

这里的“蒙”和“赐”分别是“承蒙”和“恩赐”的意思，这两个词都是敬语。这句话的意思是说，刚才承蒙您赐了一顿饱饭。你看，他说得多有礼貌啊！

我们在生活中还能常听到这样几组词：

赐教：请别人指教自己。

赐膳：感谢别人用饭食招待自己。

赐复：请别人给自己回信。

这些词语里的“赐”，同样是用作敬语。

互文扩展阅读

《古今谭概》中关于“健啖”的记载可不止前面两则呢！让我们一起再来学习两则。

（一）

《归田录》：张齐贤每食，肥肉数斤。尝小恶，欲服天寿院黑神丸。常人服不过一丸，公命以五七两为一大剂，夹以胡饼而啖之。及罢相，知安州，与客食。厨吏置一大桶，窃视所食，如其物投桶中。至暮满桶。

（二）

江阴侯孙名铁舍者，腹大善啖，平生未尝自见其足。永乐间，至京乞恩。太宗命光禄寺茶饭，计食六十斤。谢恩，拜不能起，命两卫士扶之，因不得袭荫。后家不给，食馒头，又食煨茄，俱成箩以充饥。

——《古今谭概》

创意表达运用

“健啖”这两则小古文写了两个善啖的人，把他们贪吃的样子写得极其生动形象，相信你或者身边的人，也有爱吃的某样东西，或者吃某样东西的难忘经历，请你试着用像这样简洁的文言语言来写一写吧！

____________善啖，____________________________。

毕茂世

毕茂世云："一手持蟹螯（áo），一手持酒杯，拍浮酒池中，便足了一生。"

——《世说新语》

梳理故事结构

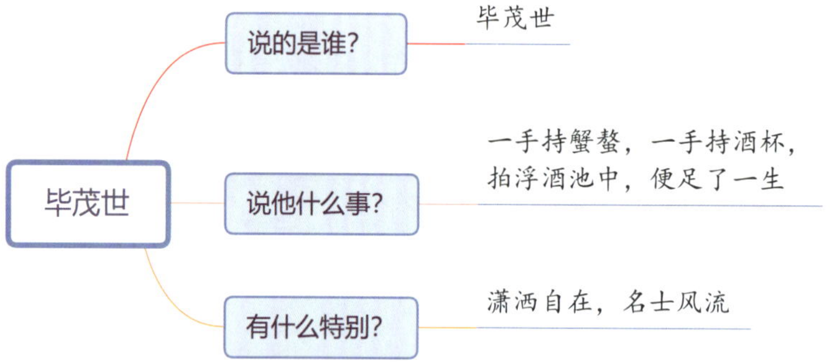

说说文章内容

毕茂世说："一只手拿着蟹螯，也就是螃蟹的大脚这类下酒的美食，一只手举着酒杯，在酒池中游泳，就足以过这一生了。"

毕茂世即毕卓，字茂世，东晋时期官员。年少时狂放不羁，饮酒成性。晋元帝时期，担任吏部郎，曾经因为饮酒误事而被革职。据说有一回邻居家的酒酿熟了，毕卓因为喝醉了，夜里稀里糊涂误闯进邻居放置酒瓮的房间拿酒喝。管酒的人以为是盗贼，就把他给捆住了，准备第二天报官，第二天白天一看才发现是他，便把他放了。毕卓于是拉着主人在酒瓮间摆下桌子，又喝起了酒，喝醉了才回去。温峤（qiáo）向来知道毕卓的才干，很爱护他，后来请他做自己的平南长史，直到毕卓去世。可能有人要问，这样的人也能被任命为吏部郎，还传为美谈？其实，毕卓很有才干，之所以看起来那么不靠谱，是因为当时朝政腐败、国无宁日，为明哲保身，毕卓只好将自己扮成一个不问政事、不爱权势、终日饮酒取乐的人。后来，当他成为行事正直、统帅有方的温峤将军的平南长史后，毕卓做了很多有益的事。

魏晋时期有很多高士、名士都和毕卓一样，不满于当时的礼教束缚和动荡黑暗的现实，追求个性自由和精神解放，于是形成了一种“指礼法为俗流，目纵诞以清高”的风尚。他们内心愤世嫉俗、傲骨铮铮，而外在的表现形式，则多半离不开酒，放荡不羁。我们熟悉的“竹林七贤”就是其中的代表。

理解重点词语

拍浮

拍浮

浮游；游泳。

《莫笑银杯小答乔太博》：万斛船中着美酒，与君一生长拍浮。

《西江月·送钱待制》：拍浮何用酒为池。我已为君德醉。

《渔家傲》：自有拍浮千斛酿，从教日日蒲桃涨。

《南乡子》：急雨涨潮头。越树吴城势拍浮。

《三山城外桥边候潮二首（其二）》：须臾月上潮初溢，少借轻帆任拍浮。

互文扩展阅读

- 古人爱蟹
  - 蟹的雅称
    - 以其横行，则曰螃蟹；
    - 以其行声，则曰郭索；
    - 以其外骨，则曰介士；
    - 以其内空，则曰无肠。
    - "横行将军""菊下郎君"也是螃蟹的雅称哦！
    - 你猜猜为什么又称螃蟹为"横行介士"和"无肠公子"呢？
  - 爱蟹的故事
    - 爱蟹胜过爱当官：但得有蟹，无通判处，足慰素愿也。——《宋诗纪事》
    - "蟹仙"李渔：独于蟹螯一物，心能嗜之，口能甘之，无论终身一日皆不能忘之。——《闲情偶寄》
    - 苏轼爱蟹：堪笑吴兴馋太守，一诗换得两尖团。——《丁公默送蝤蛑（yóumóu）》
    - 皇帝爱蟹：炀帝幸江都，吴中贡糟蟹、糖蟹。每进御，则上旋洁拭壳面，以金缕龙凤花云贴其上。——《清异录》
  - 诗文写蟹
    - 陆龟蒙《蟹志》
    - 杨万里《糟蟹赋》
    - 高似孙《松江蟹舍赋》
    - 李祁《讯蟹说》
    - 郑明选《蟹赋》
    - 尤侗《蟹赋》

创意表达运用

本则小古文描写了毕茂世认为一手拿着螃蟹，一手拿着酒杯，在酒池中游泳，便足了一生的故事，展现了他潇洒自在的名士风度。你认为哪两样东西让你觉得生活变得更有意义了呢？请你仿照他的句式写一写吧！

________云："一手持__________，一手持__________，便足了一生。"

体悟历史文化——说说《世说新语》中的饮食

魏晋时期的饮食文化水平较前代有了较大的发展，这一时期的高门士族十分讲究饮食的烹制。作为日常生活的重要组成部分，饮食也常常体现着魏晋名士们反抗礼制，不流于世俗的态度。

（一）思鲈鱼淡泊名爵

张季鹰辟齐王东曹掾，在洛，见秋风起，因思吴中菰菜羹、鲈鱼脍，曰："人生贵得适意尔，何能羁宦数千里以要名爵！"遂命驾便归。俄而齐王败，时人皆谓为见机。

（二）食肥豚饮酒思骨肉亲情

阮籍当葬母，蒸一肥豚，饮酒二斗，然后临诀，直言"穷矣"！都得一号，因吐血，废顿良久。

——《世说新语》

第五篇

嗜睡

小古文大发现　古人雅好之奇

好睡

夏侯隐登山渡水亦闭目美睡，人谓“睡仙”。

相传文五峰先生亦然。每街市遇欲睡，辄以手凭童子肩曰：“好扶持，缓行。”双足不停，鼾声已如雷矣。

——《古今谭概》

梳理故事结构

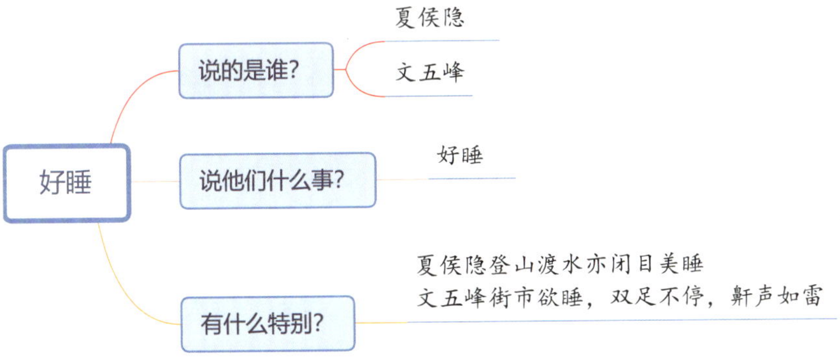

说说文章内容

据说有一个喜欢睡觉到了极致的人——夏侯隐，即使在跋山涉水的时候，他也能闭着眼睛美美地睡觉，因此被人们称作“睡仙”。无独有偶，文五峰先生也是这样一个喜欢睡觉到了极致的人。

文五峰即文伯仁，字德承，号五峰，明代画家。他是中国历史上有名的“吴中四才子”之一文徵明的侄子，擅长山水画，代表画作有《万山飞雪图》《都门柳色图》《秋山游览图》等。

文伯仁是个好睡的人。每当他在街市上突然有了睡意时，就用手扶着身边随从书童的肩膀说："好好扶着我，慢慢地走。"于是，一路上文伯仁虽然双脚不停地走动，但是他的鼾声已经像打雷一般地响了起来。

小时候，我们也会和爸爸妈妈一起玩闭着眼睛走路的游戏。比如在大街上，我们把眼睛闭上，由爸爸妈妈牵着手引路，提示哪里有石头要抬脚，还有几步要转弯，但每次还是会忍不住睁开眼看。但文伯仁厉害，在书童的带领下，他竟然完全放心地闭着眼睡着了，还睡得鼾声如雷，而且他的双脚仍在不停地走路。这在当时一定也是人们茶余饭后津津乐道的趣事之一，说文伯仁是"睡圣"也不为过。也许文伯仁在市井行走睡觉之时，梦到的全是他笔下的花鸟虫鱼、青山绿水吧。

理解重点词语

凭

凭

1.（身子）靠着。凭栏、凭吊。

2. 依据、依靠。凭借、凭靠。

3. 证据。凭据、空口无凭、真凭实据。

4. 由着，听任。听凭、任凭。

5. 请，请求。《赠猎骑》：凭君莫射南来雁，恐有家书寄远人。

你看！"凭"有这么多的意思，那么本则小古文中"辄以手凭童子肩"的"凭"是什么意思呢？请你选一选！

凭：________________

鼾声如雷

鼾声 熟睡时发出的鼻息声。

鼾声如雷 形容睡得很深，鼾声很大。

互文扩展阅读

写“睡”的诗句

- 睡醒静观万物：闲来无事不从容，睡觉东窗日已红。——程颢《秋日》
- 守岁夜不愿睡：儿童强不睡，相守夜欢哗。——苏轼《守岁》
- 宿醉熟睡未醒：昨夜雨疏风骤，浓睡不消残酒。——李清照《如梦令》
- 午睡懵懂初醒：日长睡起无情思，闲看儿童捉柳花。——杨万里《闲居初夏午睡起（其一）》
- 孤寒夜难入睡：应是夜寒凝。恼得梅花睡不成。——黄昇《南乡子》
- 春日酒后小睡：被酒莫惊春睡重，赌书消得泼茶香。——纳兰性德《浣溪沙》

答案：

凭：鼾声。

酒后小睡、午睡初醒、孤夜难以入睡……你看！这么多诗人都写过关于“睡”的诗词，在睡觉这件事情上灌注了自己的情思。看来只要想表达，即使是睡觉这件小事，也能写出不同的趣味！

创意表达运用

本则小古文着重描写了一个嗜睡的文伯仁的形象，并用一个具体的事例来佐证了他的嗜睡，寥寥数十字，将人物特点展现得淋漓尽致。请你也试着写一写你的某个爱好，并引用一个小事例来佐证，注意围绕这个爱好挑选典型事例哦！

__________（人物）好________________（某物 / 某事），___

____

____。

睡王

契丹主年少，好游戏，不亲国事，每夜酣饮，达旦乃寐，日中方起，国人谓之睡王。

——《资治通鉴》

梳理故事结构

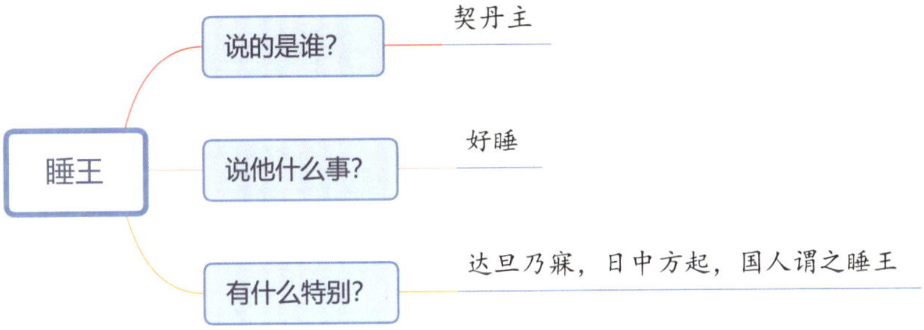

说说文章内容

这里的“契丹主”指的是辽朝第四任皇帝：辽穆宗耶律述律。他年轻的时候很有作为，但在平定叛乱、稳定政权后，觉得帝位已稳，就变得十分放纵。他常常喝酒作乐，从晚上喝到第二天早晨，然后白天就呼呼大睡，直到中午才起床，把政事都放在了一边，因此得了个“睡王”的称号。他还喜好打猎，不分季节，只要高兴，便去打猎。在打猎的时候他也不忘喝酒，而且他兴致极高，每次打猎都要持续七天七夜才肯结束。

这位嗜睡的“睡王”后来由于暴政，在睡梦中被近侍杀死，永远地沉睡下去了。

理解重点词语

酣

酣

1. 饮酒尽量。酣饮、酒酣耳热。
2. 沉酣畅快。酣睡、酣歌。
3. 浓、盛。《题西太一宫壁二首（其一）》：荷花落日红酣。

了解了“酣”的意思后，我们一起来猜猜下面这些词语的意思吧！其中有一个很特别的词语要发挥你的聪明劲儿想一想哦！

酣歌：________ 酣叫：________

酣春：________ 酣酣：________

答案：

酣歌：尽兴高歌的样子。酣叫：高声叫喊的样子。

酣春：春色正浓的样子。酣酣：喝醉酒的样子。

互文扩展阅读

不睡龙

元代的杨维桢写过一首《警枕辞》：“不睡龙，醒复醒，珊瑚圆木摇金铃。五花宝簟芙蓉屏，铜盘雪粉香浅清。楼墙铜弹飞霹雳，夜半更奴起辟易。圆木功，无与敌。吴越封疆平地辟，四世三王安衽席。”这里的“不睡龙”写的是吴越王钱镠（liú）。

钱镠是吴越国的开国君主，他从小就有济世安民的大志。在多年的军旅生涯中，为处理各种军务，他没睡过几个囫囵觉，实在困得不行了，就倚着一个特制的圆木小枕眯一会儿，小枕两边缀有几只铃铛，稍一翻身，铃铛就会丁零当啷地响起来，圆木枕头也会滚落到一边，钱镠就乘势爬起来，接着工作。为了不耽误军情，钱镠还给自己定了一个近乎严酷的规定：万一自己睡不醒，又有紧急军务需要处理，就让侍女摇响一个特制的大铃铛，直到把自己叫醒为止。他还在卧室里放置了一个粉盘，每当想到需要记下的事情，就立刻写在盘中，哪怕是刚从睡梦中醒来也是如此，并将这个好习惯一直保持到老。钱镠以身作则，对属下也提出了严格的要求。夜半时分，他会时不时弹一个铜丸出去，以提醒那些守夜的军士，让他们提高警惕，好好值夜班，不要偷懒睡觉。人们佩服钱镠这种不要命式的埋头苦干，就把他的圆木小枕叫做“警枕”，还送给了他一个“不睡龙”的绰号。

你看！同样是一国之君，一个嗜睡荒废政务，一个少睡勤勉政务，两人的结果差别如此之大。但是作为学生，我们既不能过于嗜睡荒废学业，也不能不睡觉只知埋头苦读，切记凡事过犹不及呀！

创意表达运用

本则小古文描写了一个因嗜睡而荒废朝政的契丹主的形象，仅仅30个字就将一个“睡王”的人物形象立了起来，和上一篇“文五峰先生好睡”相比，本则小古文还用了一个词——“睡王”，来突出显示人物性格。请你也试着写一写你身边一个爱睡觉的人，并给他起一个称号，注意称号要雅，不能贬损他人，同时也要符合人物身份特点哦！

____

____

____

______________________________ 我谓之“__________”。

第六篇

雅好

小古文大发现　古人雅好之奇

徐州人张成善疾走

徐州人张成善疾走，日行五百里。每举足辄不可禁，必着墙抱树方止，体犹振动久之。

——《古今谭概》

梳理故事结构

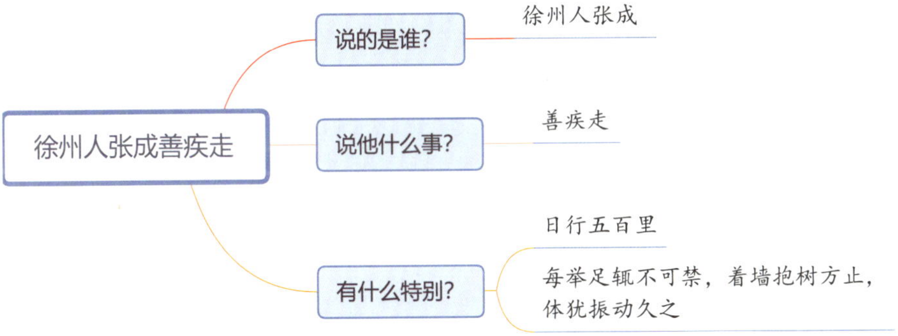

说说文章内容

“徐州人张成善疾走”，是说徐州有个人叫张成，他很擅长快跑。擅长到什么程度呢？“日行五百里”，每天能跑五百里，比绝大部分骏马跑得都快。而且他还有个特点，“每举足辄不可禁”，就是说他每当抬起脚就停不下来。怎样才能停呢？“必着墙抱树方止”，一定要撞到墙或抱着树才能停下来。还不止这样，“体犹振动久之”，他虽然因为撞着墙或抱着树停止快跑了，但是他的身体还在那里振动，所以你想这张成得有多擅长快跑啊。

所以如果我们是张成的体育教练，结合他的特点，我们可以让他练哪种体育项目呢？对，最好让他去跑马拉松。“日行五百里”啊，而且只要跑起来就停不下来。当然如果让他去跑马拉松的话，你得在终点给他设置一段软软的障碍物，否则他跑过终点后根本就停不下来，那该咋办呢？

理解重点词语

走

文言文中的“走”是“跑”的意思，这点跟我们现在不太一样，需要特别注意。那你还知道文言文中其他跟“走”相关的词语吗？

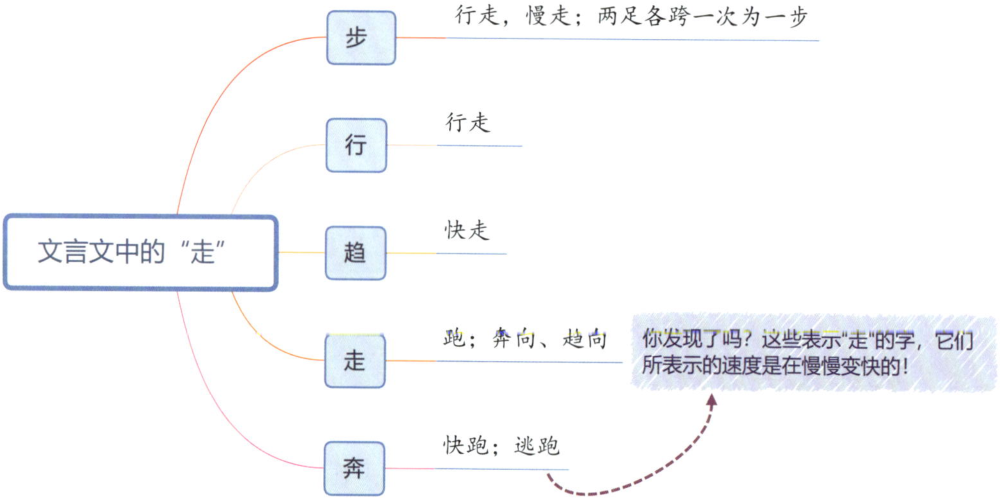

久之

“久之”的意思是说时间过了很久。文言文里还有很多用来表示时间长短的词语，让我们一起来学习一下吧。

表示较短时间的词语：顷之、食顷、顷刻、少顷、俄而、未几、少时、无何、倏（shū）尔、已而、遽（jù）。

表示较长时间的词语：久之、久久、良久。

互文扩展阅读

《古今谭概》又名《古今笑》，它是一部幽默小品集。本则小古文选自《古今谭概·灵迹部》，该部记述了许多“非真并非幻也，精神之至也”的短文。下面这些选文也出自该部，让我们一起来读读这些有趣的小短文吧！

（一）取月

又唐周生有道术，中秋谓客曰：“我能取月。”以箸数百条，绳而驾之，曰：“我梯此取月。”俄以手举衣，怀中出月寸许，清光照烂，寒气入骨。

（二）纸月

《宣室志》云：杨晦八月十二日夜谒王先生。先生刻纸如月，施垣上，洞照一室。

（三）笔仙

昔有高士，置笔竹筒，买者置钱其中，笔自跃出。号“笔仙”。

（四）瓶隐

申屠有涯，放旷云泉。常携一瓶，时跃身入瓶中。时人号为“瓶隐”。

（五）针发

魏时，有句骊客，善用针，取寸发斩为十余段，以针贯取之，言发中虚也。见《广记》。

创意表达运用

写作小巧思：要想把一件事写精彩，可以主要围绕一个特点来写；可以举具体事例说明；也可以采取多种修辞手法，写出画面感。请你也试着运用这些写作小巧思，写一件精彩的小事吧！

____

____

____

____

体悟历史文化——说说徐州

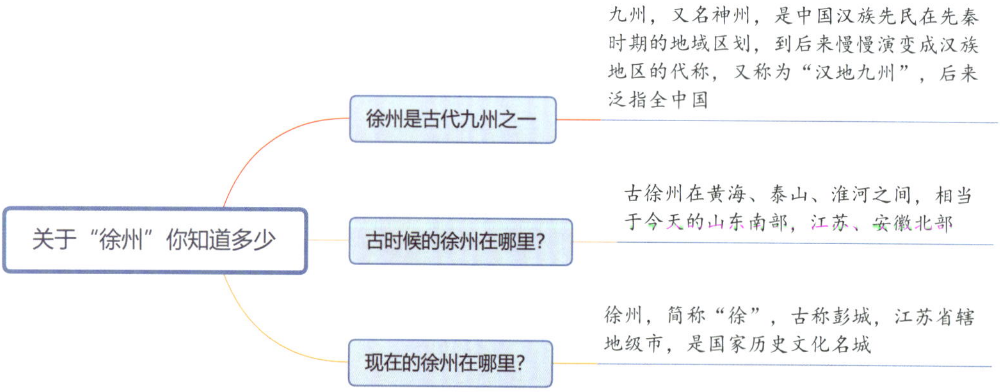

辨才弃宝

僧永禅师有三宝：一曰右军《兰亭》书，二曰神龟，三曰如意。后传弟子辨才，宝护倍至。唐太宗令人诳（kuáng）得其书。辨才曰："第一宝既亡，其余何爱！"乃以如意击石，折而弃之，又投龟，伤其一足。

——《古今谭概》

梳理故事结构

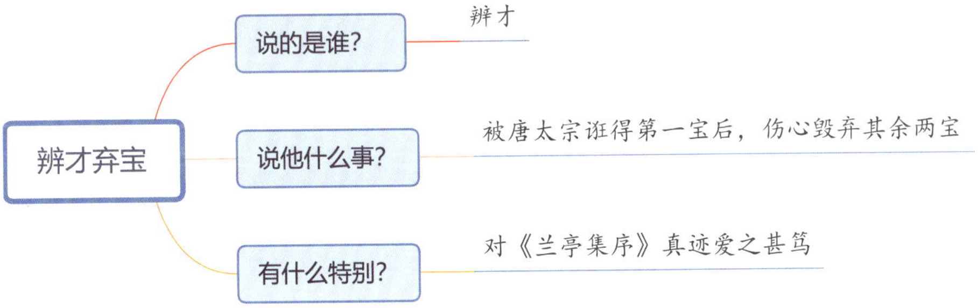

说说文章内容

南北朝时有个高僧叫智永禅师，他有三件宝贝：一是王羲之的《兰亭集序》书法真迹，二是一只神龟，三是一柄如意。如意是中国特有的一种象征吉祥的器物，一般是玉做的，象征着顺心如意。智永禅师的这三件宝物后来传给了弟子辨才，辨才对这三件宝物也是非常喜爱，用心爱护。

后来，唐太宗派人从辨才那里诳骗到了《兰亭集序》书法真迹。辨才说："第一件最重要的宝贝既然已经丢了，其他的还有什么值得爱惜的呢？"

于是他把如意砸在石头上，折断后丢掉了它，又把神龟的一只脚弄坏了。

智永禅师和唐太宗对书法都很有研究，令他们两人痴迷不已的宝贝，是被称为“天下第一行书”的王羲之的《兰亭集序》真迹。故事中说到的“唐太宗令人诳得其书”这个事情流传很广。传说辨才非常爱惜传到自己手中的《兰亭集序》书法真迹，把它藏在凿空的房梁里。唐太宗酷爱王羲之的书法，几次想看《兰亭集序》的真迹，辨才却始终推说不知道在哪里。于是唐太宗就派监察御史萧翼扮成一个落魄书生，住进辨才所在的永兴寺借机获取。在寺里，萧翼每天和辨才一起清谈赋诗，很是投缘。半个月之后，他们的谈话渐渐涉及书画。当萧翼拿出他带着的王羲之的别的书帖给辨才看时，辨才这才从房梁中取出《兰亭集序》真迹炫耀。不久，萧翼趁辨才外出，偷走了这份《兰亭集序》真迹。回到朝中后，唐太宗授萧翼员外郎，并赏赐了辨才。辨才失去真迹，痛心疾首，不仅看不上这些赏赐，而且连其他两宝也都废弃了，过了一年多就死了。好在唐太宗并非附庸风雅之辈，他是真懂书法，所以他命当朝的大书法家冯承素、赵模等人临了不少摹本，我们现在看到的《兰亭集序》大多数都是他们临摹的版本。

理解重点词语

诳

诳 欺骗；迷惑。诳语，诳话。

创意表达运用

“辨才弃宝”这则小古文描写了辨才在被唐太宗诳走《兰亭集序》真迹后悲愤交加，毁弃其余两宝的故事。读了这个故事，你觉得当时唐太宗派的人和辨才之间会发生怎样的对话呢？请你试着用文言文语句写一写。

体悟历史文化——说说《兰亭集序》

今天我们要一起认识的这幅让辨才和唐太宗，乃至天下文人墨客梦寐以求的《兰亭集序》是东晋书法名家王羲之的代表作。东晋永和九年（353）三月三日，王羲之与谢安、孙绰等四十一位军政高官，在山阴（今浙江绍兴）兰亭“修禊（xì）”。修禊是古人于春秋时节在水边举行的一种祭礼，用以祈福消灾。在这次聚会上，大家轮流作诗抒怀，王羲之特意为此次聚会写了一篇序文，就是《兰亭集序》，除了序文，他还大笔一挥写了一幅同名的书法作品。

《兰亭集序》这篇书法作品具有极高的艺术价值，它不仅反映了东晋士人从山水自然中感悟人生的意趣，而且自然天成，形神兼备，兼有超脱与深沉之情。这幅《兰亭集序》与唐代颜真卿的《祭侄文稿》、北宋苏轼的《黄州寒食诗帖》并称“天下三大行书”，而《兰亭集序》更是被誉为“天下第一行书”。

赵子固落水护宝

赵子固赵孟坚，字子固，宋宗室子。有米颠之癖，效米作《书画船》。尝从霅(zhà)川余寿翁所易得“五字不损本”《兰亭》。喜甚，乘夜回棹。至昇（shēng）山，风起舟覆，行李俱淹。子固方披湿衣，立浅水中，手持《禊帖(tiè)》示人曰：“《兰亭》已在，余不足问！”

——《古今谭概》

梳理故事结构

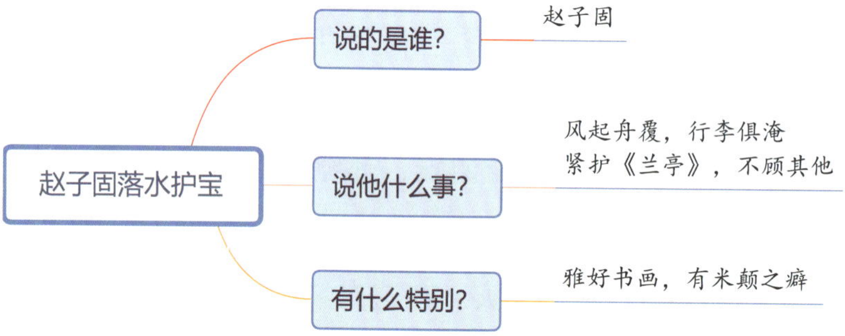

说说文章内容

赵子固，就是赵孟坚，字子固。赵子固是宋朝宗室子弟，也就是说他与宋朝皇帝为同一宗族，他曾经在湖州、诸暨等地做过官。赵子固在诗画方面都很有造诣，很得当时文人们的推崇。他还是南宋最出名的书画收藏家之一，这则小古文就跟他的书画收藏爱好有关。

说赵子固有跟“米颠”一样的癖好。我们前面学过，“米颠”指的是北宋著名的书法家、画家、书画理论家米芾，米芾最喜欢收藏各种砚台和造型独特的石头，有时甚至称呼石头为兄弟。赵子固也爱收藏，不过主要收藏的是书画。米芾曾经泛舟江上，并在船头大书“米元章书画船”几个字。赵子固也仿效米芾弄了一条书画船，上面载着他收藏的书画古玩，并大书“赵子固书画船”。

赵子固有一回从霅川（今浙江湖州）余寿翁那里得到了“五字不损本”《兰亭集序》。所谓“五字不损本《兰亭》”，指的是《兰亭集序》的一个拓（tà）本。唐太宗李世民在得到王羲之《兰亭集序》真迹后，命欧阳询进行临摹，并刻在了石碑上，这块石碑后来放在了定武这个地方，这个版本的《兰亭集序》也因此被称为《定武本兰亭》。《定武本兰亭》分“五字损本”和“五字不损本”。“天下第一行书”《兰亭集序》有许多不同时期的拓本流传，其中宋代拓《定武本兰亭》效果最好，最受推崇。所谓拓本，就是用纸紧覆在碑石的文字或花纹上，用墨或其他颜色打出其文字、图形来的印刷品。赵子固一换到“五字不损本”《定武本兰亭》，高兴极了，连夜坐船往回赶。不幸的是船到昇山的时候遭遇了大风，船翻了，所带的行李全被水淹了。只见这赵子固虽然全身衣服都湿透了，但他站在浅水中，手里捧着《兰亭集序》拓本（《禊帖》是《兰亭集序》的别称），面对着前来帮助救水、捞东西的人们说：“《兰亭》已经在我手上了，其他东西不值得过问。”你看这赵子固，把《兰亭集序》的拓本看得比命还重要，其他的不管不顾，看来是有几分米芾那样的癫狂。

理解重点词语

米家书画船

米家书画船

也作“米家船”。北宋书画家米芾曾任江淮发运，当时他会在船上挂“米家书画船”的牌子，后以此借指米芾的书画，也泛称文人学士的船只。《戏赠米元章二首（其一）》：沧江静夜虹贯月，定是米家书画船。

互文扩展阅读

题赵子固墨兰

韩性

镂琼为佩翠为裳，冷落游蜂试采香。
烟雨馆寒春寂寂，不知清梦到沅湘。

题赵子固画墨兰

柯九思

王子当时倚玉楼，飘萧翰墨足风流。
人间自有清香种，不逐湘累一样愁。

体悟人物品格和精神——说说赵子固

今天我们要一起认识的赵子固，即赵孟坚，他是南宋画家，字子固，号彝斋，海盐（今属浙江）人。

赵孟坚工诗善文，家富收藏，其画多用水墨，工梅、兰、竹、石，尤其精于白描水仙，笔致细劲挺秀，花叶披纷而有条理，给人一种“清而不凡，秀而雅淡”的感觉。

米芾拜石

无为州治有巨石，状奇丑，芾见大喜，曰：“此足以当吾拜。”具衣冠拜之，呼之为兄。

——《宋史》

梳理故事结构

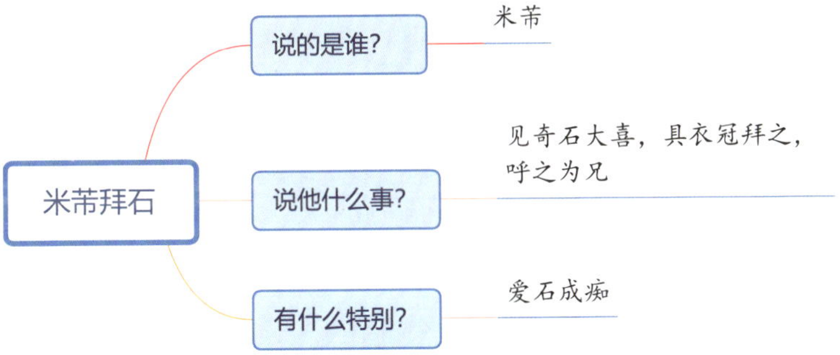

说说文章内容

我们前面已经多次提到米芾，这位在中国书画艺术史上有卓越成就的名士有一个特殊的爱好：喜欢石头。作为一个石痴，他做过许多与众不同的事情，今天我们要学的这个故事就和他爱石的癖好有关。

故事说的是米芾任无为军知州时，衙署内有一块巨石十分奇特，他看见后高兴得大叫起来说：“此足以当吾拜。”他的意思是说这块石头奇特，完全受得起他的一拜。于是命左右为他换了官衣官帽，穿戴整齐，手握笏板便拜，并尊称这块巨石为“石兄”。

后来他又听说在城外河岸边有一块奇丑的怪石，便命令衙役将它移进州府衙内。米芾见到这块怪石后，大为惊奇，一边拜一边说："我欲见石兄二十年矣！"另一次，他得到一块砚山（一种天然形成的，状如峰峦的砚石），爱不释手，竟一连三天抱着它入睡，并请好友苏东坡为之作铭。

你看，米芾真不愧是"石痴"呀！世人也因他行为癫狂，遂称他为"米颠"。其实在这则故事的后面还有这样一句话："又不能与世俯仰，故从仕数困。"米芾不善于官场逢迎，一生官阶不高。米芾爱石、爱砚，他的种种癫狂行为，是否其实是他不愿与世俯仰的外在写照呢？

理解重点词语

具

具

1. 酒肴、饮食。《史记》：为太牢具。
2. 供应、备办酒食。《秦晋崤之战》：居则具一日之积。
3. 置办，准备。《活板记》：此印者才毕，则第二板已具。
4. 具有。《核舟记》：罔不因势象形，各具情态。
5. 器具。《伤仲永》：仲永生五年，未尝识书具。
6. 同"俱"，全部。《桃花源记》：问所从来，具答之。

你看，一个"具"字有这么多意思。你能用代入的方法，猜猜本则小古文中"具衣冠"的"具"字的含义吗？

具：____________

创意表达运用

小任务：找一找“米芾拜石”这则小古文中一共提到了几次“石头”。

无为州治有巨石，状奇丑，芾见（之）大喜，曰：“此足以当吾拜。”具衣冠拜之，呼之为兄。

这则 30 字的小短文主要叙述了“米芾拜石”这件事，作为主角的“巨石”本应多次被提及，但是因为文言文崇尚简洁，为了避免重复，因此采用了多种方式来称呼这块巨石。文中五次提到石头，但除了第一次称呼“巨石”外，后面都用“此”“之”等代词来称呼它。我们在写作的时候也可以采用这样的方法，除了第一次采用全称以外，后面都可以用不同的代词来称呼这样东西，体现出语言表达的丰富性。请你试着用不同的称呼方式来写一写你喜欢的一样东西吧！称呼越多样越好哦！

____

____

____

____

答案：

具：准备。

图书在版编目（CIP）数据

小古文大发现 ：古人雅好之奇 / 罗才军编著. --
杭州：浙江大学出版社，2023.2
ISBN 978-7-308-23468-9

Ⅰ. ①小… Ⅱ. ①罗… Ⅲ. ①文言文－小学－教学
参考资料 Ⅳ. ①G624.203

中国国家版本馆CIP数据核字(2023)第005769号

小古文大发现　古人雅好之奇
XIAO GUWEN DA FAXIAN　GUREN YAHAO ZHI QI
罗才军　编著

策划编辑　陈丽霞　肖　冰
责任编辑　肖　冰
文字编辑　胡宏娇
责任校对　戴　田
封面设计　项梦怡
责任印制　范洪法
出版发行　浙江大学出版社
（杭州市天目山路148号　邮政编码　310007）
（网址：http://www.zjupress.com）
排　　版　杭州林智广告有限公司
印　　刷　杭州宏雅印刷有限公司
开　　本　787mm×1092mm　1/16
印　　张　6
字　　数　74千
版 印 次　2023年2月第1版　2023年2月第1次印刷
书　　号　ISBN 978-7-308-23468-9
定　　价　25.00元